Sammlung Luchterhand 462

W0061543

Die Autoren:

Barbara James, geboren 1948 in Wiesbaden, arbeitet seit 1972 im Deutschen Volksliedarchiv in Freiburg und schiebt seit ein paar Jahren das Aufschreiben ihrer Doktorarbeit (Deutsches Volkslied im 19. Jahrhundert: Über die Fabrikation einer Idylle) vor sich her, weil es ihr mehr Spaß macht, Leute im Gespräch auf Lieder und Texte hinzuweisen. Die Lieder dieser Sammlung hat sie zu einem guten Teil nicht im DVA vorgefunden, sondern selbst aus anderen Archiven zusammengesammelt. Im März 1983 erschien ein Schulbuch, das sie zusammen mit Mechthild Fuchs und Freia Hoffmann verfaßt hat: »Deutsches Volkslied. Das allzubekannte Unbekannte«, Stuttgart, Metzler.

Walter Moßmann, geboren 1941 in Baden und dortselbst aufgewachsen, ist Gründungsmitglied der badisch-elsässischen Bürgerinitiativen, die seit 10 Jahren ein AKW in Wyhl verhindert haben. Hat Lieder gemacht (Platten bei Trikont), Dokumentarfilme, öffentlich-rechtliches und aber auch Freies Radio (Dreyeckland) und Bücher, »Flugblattlieder, Streitschriften« Berlin, Rotbuch, 1980 und (mit Peter Schleuning) »Alte und neue politische Lieder« Reinbek, Rowohlt, 1978 u. 1980. Deutscher Kleinkunstpreis 1981 – und im selben Jahr hat ihm das Landgericht Duisburg versichert, daß er Kunst herstellt, Aktenzeichen: II Ns 8 Js 247/79, gelöst.

Barbara James / Walter Moßmann

Glasbruch 1848

*Flugblattlieder und Dokumente
einer zerbrochenen Revolution*

Mit zeitgenössischen Illustrationen

Luchterhand

Originalausgabe
Sammlung Luchterhand, August 1983

© 1983 by Hermann Luchterhand Verlag GmbH & Co KG,
Darmstadt und Neuwied
Lektorat: Christiane Gieselmann
Umschlaggestaltung: Kalle Giese, Darmstadt
Herstellung: Martin Faust
Gesamtherstellung bei der
Druck- und Verlags-Gesellschaft mbH, Darmstadt
ISBN 3-472-61462-5

Inhalt

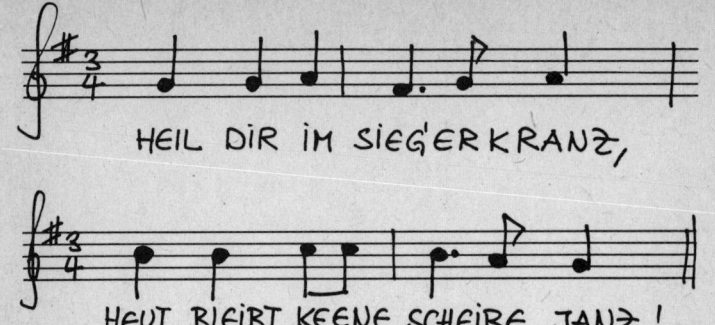

HEIL DIR IM SIEGERKRANZ,

HEUT BLEIBT KEENE SCHEIBE JANZ!

BERLINER STRASSENVERS 1835

11. August 1835
Die Volkswidrigkeiten dauern hier fort; daß man die Fenster
beim Könige und der Fürstin Liegnitz eingeworfen, ist ein
bedenklicher Fortschritt in der Dreistigkeit, früher wäre das
nicht denkbar gewesen. Der Herzog Karl von Mecklenburg ist
förmlich ausgezischt worden und mußte sich fortmachen. Die
Leute riefen, die Französische Revolution solle leben, Napoleon,
die Freiheit, alles, was die Behörde verdrießen konnte.

Aus dem Berliner Tagebuch
des Karl August Varnhagen von Ense

1835

KOMME DOCH, KOMME DOCH, PRINZ VON PREUßEN,

KOMME DOCH, KOMME DOCH NACH BERLIN,

WIR WOLLN DIR MIT STEINE SCHMEIßEN

UND DIR'S FELL ÜBER DIE OHREN ZIEHN.

BERLINER POLKA 1848

22. April 1847
**Unruhen auf den Märkten. Auflauf in der Charlottenstraße, auf
dem Gensdarmenmarkt. Abends gewaltsames Stürmen der Bäk-
kerladen, Konditoreien, dem Prinzen von Preußen die Fenster
eingeworfen . . .**
**Der Prinz von Preußen hat seine Scheiben am frühsten Morgen
wieder machen lassen, man will nicht davon geredet wissen . . .**
Varnhagen

1847/48

DAS DEUTSCHE GLASERLIED

DIE DEUTSCHEN GLASER HABEN JETZT VIEL FREUDE IM GE-MÜT, WEIL ÜBERALL, WO-HIN MAN SIEHT, SO FRISCH IHR WEIZEN BLÜHT. PAR-TAUZ! ERKLINGT ES HIER UND DA, WO SCHEIBEN FLIEGEN EIN; DANN HEIßT ES: ‹LIEBER GLASER, KOMM, UND ZIEH EIN BLEI HIN-EIN! JUCHHE, JUCH-HE, JUCHHE, JUCH-HE, JUCHHE! UND ZIEH EIN BLEI HIN-EIN!

1. Die deutschen Glaser haben jetzt
   viel Freude im Gemüt,
   weil überall, wohin man sieht,
   so frisch ihr Weizen blüht.
   Partauz! erklingt es hier und da,
   wo Scheiben fliegen ein;
   dann heißt es: »Lieber Glaser, komm
   und zieh ein Blei hinein!«
       Juchhe! Juchhe! . . .
       und zieh ein Blei hinein!

2. Die Fensterscheibe gleicht fürwahr
   so manchem Fürstenkind,
   denn grad, wo stark die Sonne scheint,
   da ist sie öfter blind.
   Und wenn so mancher arme Mann
   im starren Winter friert,

da sieht man, wie trotz Schnee und Eis
sie sich mit Blumen ziert.

3. Wenn trübe Tage ziehen ein,
   dann läuft die Scheibe an,
   und manche Träne bricht sich dann
   im Fensterschweiße Bahn.
   Gar mancher sieht im Hermelin
   der Armen Schweiß und Müh –
   jedoch das Eis in seiner Brust
   zerschmilzt zu Tränen nie.

4. Gedulde dich, du armer Mann,
   schon bricht der große Tag
   der Freiheit an und würgt den Fluch,
   der auf uns Deutschen lag.
   Wer starr und spröde wie das Glas,
   verfalle unsrer Hand!
   Wir wollen ihn schon schneiden, doch
   nicht mit dem Diamant.

5. Verbannt sei Lüge und Verrat,
   wo deutsche Erde liegt,
   und wo nach langer Winternacht
   das Recht nun endlich siegt.
   Und wer die Deutschen knechten will,
   der komme nur herein!
   Wir ziehen ihm in offner Schlacht
   ein Blei ins Herz hinein.

Text: Anonym. Berliner Flugblatt von 1848.
Melodie: »Mein Lebenslauf ist Lieb und Lust«, ein 1803 veröffentlichtes
          Trinklied von August Mahlmann. Dazu gibt es verschiedene
          Melodien. Wir haben eine Version von 1825 ausgewählt.

[Blei: Die Fensterscheiben wurden mit Blei eingefaßt. / blind: Der preußische König Friedrich Wilhelm IV. war kurzsichtig. Mauerspruch in Potsdam
1848: »Fritze kann nicht sehen / Und Liese kann nicht gehen«. Die Königin
Elisabeth hinkte.]

Glasbruch

Diese unsere Republik (West) hat einen Traditions-Tempel. Der steht in Frankfurt und heißt »Paulskirche«. Dort – heißt es – habe 1848 das »Vorparlament« den Grundstein gelegt für eben diese unsere Republik.

Das ist aber nicht wahr. Denn die Paulskirchen-Männer (Frauen waren ausdrücklich ausgeschlossen worden) wollten mehrheitlich gar keine Republik. Sie wollten eine Monarchie und bessere Geschäftsbedingungen für das Besitzbürgertum, das sie repräsentierten. Insofern haben sie schon einen Grundstein gelegt, allerdings nicht für eine demokratische Republik, sondern für die großen Zwingburgen des Kapitalismus; und so sieht Frankfurt ja heute auch aus.

Trotzdem soll nicht verschwiegen werden, daß die Paulskirchen-Professoren durchaus dem niederen Volk ihre Reverenz erwiesen. Als nämlich die leidige »Arbeiterfrage« zur Debatte stand, sagte der Abgeordnete und Stuttgarter Minister Römer: »Meine Herren, Sie teilen gewiß alle die Sympathie für diese Leute und ich bitte, durch Aufstehen den Beweis zu geben!« Danach standen die Abgeordneten auf, und dann setzten sie sich wieder hin.

Diese unsere Republik hat auch ihre Traditions-Lieder.

Die tapferen Musiker der Bundeswehr z. B. blasen eine russische Melodie, komponiert von einem zaristischen Kapellmeister namens Dimitri Bortniansky, auf die seit 1825 ein Gedicht des Erweckungs-Predigers Gerhard Tersteegen gesungen wird: »Ich bete an die Macht der Liebe«. Dazu legt man den Fahneneid ab.

An hohen nationalen Feiertagen singt unser Parlament als gemischter Chor (Frauen sind inzwischen ja zugelassen) »brüderlich mit Herz und Hand« jenes bekannte Vormärz-Liedchen von 1841, das auch bei Fußball-Länderspielen zu Gehör gebracht wird.

Und in den Schulen singt man neuerdings wieder ein anderes Vormärz-Lied, das zu Recht so benannte »Bürgerlied«, verfaßt von einem Richter, aber mit einer hübschen Melodie versehen: »Ob wir rote, gelbe Kragen . . .«.

»Das deutsche Glaserlied« gehört nicht zum offiziellen Liederkranz. Das liegt u. a. daran, daß am Steinschmeißen überhaupt nichts Feierliches dran ist. Und außerdem ist Glasbruch keine Sache aus grauer Vorzeit, sondern leider sehr aktuell, ob auf dem Kurfürstendamm oder in der Kaiser-Joseph-Straße in Freiburg, es klirrt auch heutzutage.

»Ob wir rüstig und geschäftig . . .« Ja.

»Ob wir Steine schmeißen . . .?«

Man stelle sich mal vor, die Gipsheiligen dieser unserer Republik, die Paulskirchen-Profs, wären 1848 nach Berlin gefahren und hätten dem Friedrich Wilhelm IV. die Fenster eingeschmissen!

Wie wir wissen, gingen sie anders vor. Auf den Knien sind sie 1849 nach Potsdam gerutscht und haben dem Preußenkönig die deutsche Kaiserkrone angetragen, und zwar auf Erb-Pacht! Seine Majestät hat sie dann nicht annehmen wollen wegen dem »Ludergeruch der Revolution«. Er hätt sie ruhig nehmen können. Wenn sie nach etwas gestunken hat, dann nach Geld. Und den Geschmack haben die Hohenzollern doch nie verschmäht.

Also, wenn es die Führer der deutschen Revolution, die Herren Liberalen, nicht waren, wer hat denn dann Arbeit für die Glaser beschafft?

> »Und das Pöbel wird gemein
> Schmeißt den Leuten die Fenster ein.«

heißt es in einem Lied von 1848, den Berliner Königstreuen in den Mund gelegt. Was heißt »das Pöbel«, und was heißt »den Leuten«?

Zunächst zu »den Leuten«. Es war nämlich ein ausgewähltes Publikum, das unter Glasbruch zu leiden hatte, in Berlin z. B. der Prinz von Preußen (der spätere Kaiser Wilhelm). In Hamburg der großmächtige und verhaßte Bürgermeister Kellinghusen. In den 30er und 40er Jahren gingen fast überall in deutschen Landen die Scheiben der Landesfürsten zu Bruch, oder die ihrer Mätressen, oder die der Wucherer und Rentamtmänner oder irgendwelcher Amtspersonen, die persönlich unangenehm aufgefallen waren. Ja, man kann sagen, Glasbruch gehörte offenbar zur politischen Volkskultur dieser Zeit. Die Autorität der Macht war bedenklich angeknackst, viele Tabus zerbrochen, die Bereitschaft zur direkten Aktion gestiegen. Um in den Metaphern der Zeit zu bleiben: Der Völkerfrühling hat ein Geräusch gemacht, das krachte und klirrte wie ein Fluß, der seine Eiskruste aufsprengt.

Und die Geschädigten? Haben sie gleich Weh und Ach geschrien und die Polizei geholt? »Der Prinz von Preußen hat seine Scheiben

»BARRIKADENMACHER UND KATZENMUSIKDIREKTOR«
Karikatur aus dem Jahre 1848

am frühsten Morgen wieder machen lassen, *man will nicht davon
geredet wissen . . .*«
Wie? Getroffener Hund bellt nicht?
Als ob es ihm peinlich wär.

Kleine Abschweifung über Katzenmusik
Die »Katzenmusik« oder »Charivari« ist traditionell ein Rügebrauch, wie die Volkskundler sagen. Zunächst eine das Ohr beleidi-
gende Musik, hergestellt aus Pfeifen, Gießkannen, viel Blech usw.,
und zwar vor der Tür von Dorf-Mitbewohnern, die gegen eine
Norm verstoßen haben: z. B. vor dem Haus einer ledigen Mutter
oder einer Witwe, die nochmal geheiratet hat. Kurz: Die »Rüge«
richtet sich gegen Abweichler, Schwächere, Ungehörige. Die Rüge
schlägt von oben nach unten. Gewöhnlich hat die Kirche solche
Gemeinheiten zur Stabilisierung von Sitte und Ordnung eingeführt,

und die weltliche Obrigkeit hat das toleriert, wenn nicht gar unterstützt.

Aber in der revolutionären Situation wird der Brauch umfunktioniert: Die Katzenmusikanten sprechen nunmehr nicht mehr den Außenseitern, sondern den Machthabern ihre schärfste Mißbilligung aus, und zwar in einer traditionell sanktionierten Art und Weise. Der Rügebrauch schlägt auf einmal von unten nach oben. Die Machthaber sind baff. Die Sache ist ihnen tatsächlich peinlich. Ja, sie kriegen sogar Angst: aus Württemberg z. B. gibt es zahlreiche Beispiele dafür, daß Amtspersonen nach einer Katzenmusik ihren Sessel räumen mußten, weil sie »nicht mehr zu halten waren«.

(Die hier beschriebene Schrecksekunde der Machthaber hat nicht lang gedauert. Als ihnen klar wurde, daß der »Consens« nicht mehr funktionierte – will sagen: die Gewöhnung der Unterworfenen an die Unterwerfung –, griffen sie eben auf die wirklichen Grundlagen ihrer Macht zurück: die nackte Gewalt.)

Der alte Brauch der Katzenmusik bietet den Demonstranten mancherlei Schutz. Gewöhnlich geht die Sache so vor sich: Irgendwann tauchen Harlekine vor dem Haus des »Geehrten« auf, paar Jungs beginnen schrill zu pfeifen, plötzlich ist da ein Auflauf, vielleicht hundert Leute, vielleicht zweitausend. Die ganze Geschichte findet in der Nacht statt. Die Musikanten haben ihre Gesichter vermummt, maskiert, bemalt. Jemand verliest das Sündenregister mit verstellter Stimme, ansonsten hört man nur Sprechchöre – einzelne Sprecher können nicht identifiziert werden. Es gibt keine Rädelsführer.

In den Revolutionsjahren werden die Katzenmusiken gewalttätiger. Prügel donnern gegen Türen und Fensterläden, Steine fliegen . . . Glasbruch!

Und wo? In Berlin z. B. bei dem damaligen Ministerpräsidenten Ludolf Camphausen. In Eßlingen beim Stadtschultheißen, bei einem Bauinspektor, bei einem Polizeikommissär, »ein sehr tätiger Mann, hat aber oft übertriebenen Diensteifer gezeigt«.

Später dann, als die Besitzbürger ernsthaft Angst bekamen vor den hungrigen Zähnen der Besitzlosen und die Revolution endgültig verkauften an die feudalen Machthaber, bekamen auch die Paulskirchen-Profs ihr Fett ab. Der württembergische Volksvertreter Professor Rümelin z. B., Preußen-Fan und Mitglied der »Erbkaiser-Fraktion«, zog jede Menge Katzenmusiken auf sich, und 1849 wurde für ihn in Öhringen eine Premiere veranstaltet: die erste Charivari am hellichten Tag. So beliebt war der Mann, so hoch geehrt.

Und wer steckte nun unter den Vermummungen? Nach Auskunft der Polizei waren es Handwerksgesellen, Fabrikarbeiter, Lehrlinge, »auch Weibspersonen«. Also »diese Leute«, denen das Frankfurter Vorparlament eine Gedenkminute gegönnt hat, »das Pöbel«. In den Polizeiakten bekommen sie denn auch ein ganz klein bißchen Individualität, immerhin.

Auszüge aus einem »Handbuch für jeden deutschen Polizeibeamten« von 1855, dem »Anzeiger für die politische Polizei Deutschlands auf die Zeit vom 1. Januar 1848 bis zur Gegenwart« aus Dresden:

Anzeiger

für die

politische Polizei Deutschlands

Illig, *Christine Karoline, später verehelichte Kapphahn, Näherin aus Annaberg, wegen Landfriedensbruchs im März 1848: auf 3 Jahre, begnadigt zu 2 Jahren.*
Scheffler, *Franz, Strumpfwirkergeselle aus Nixdorf in Böhmen; wegen Beteiligung an dem Dresdner Aufruhr im Mai 1849, 1850 aus Sachsen verwiesen.*
Schäfer, *Annemarie, von Mannheim, wegen Verbreitung revolutionärer Schriften unter Königlich preußischen Soldaten im August 1849 zu 3 monatlichem Arbeitshaus verurteilt.*
Chenu, *Schuhmacher aus Paris, ein langjähriger Republikaner und unzähligen politischen Untersuchungen schon unterlegen, eingeübter Barrikadenkämpfer, er hat als solcher in der Junistraßenschlacht in der Reihe der Insurgenten seine Geschicklichkeit vollkommen betätigt; er ist ein sehr gefährlicher Republikaner, war auch Mitglied der Bande »Risques-Tout« . . .*
Wunderlich, *Wilhelmine, Dienstmagd aus Weida, Barrikadenkämpferin, gefangen genommen, zu lebenslänglichem Zuchthaus verurteilt, zu 6 Jahren Arbeitshausstrafe begnadigt im Jahre 1850.*
Wek, *Friedrich, Müllergeselle aus Coschütz, wegen Unruhestiftung unter den Eisenbahnarbeitern bei Sulza, unter welchen er sich selbst befand, der Arbeit entlassen.*
Buxweiler, *Arbeiter, und Zobel, die, Frauensperson, beide wurden*

wegen Aufruhrs und Rebellion im September 1848 zu Frankfurt a. M., dann wegen Teilnahme am Mord des Fürsten Lichnowsky und des Generals Auerswald am 18. September 1848 verhaftet und wegen bemerkter Verbrechen 1850 vor Gericht gestellt.

Böhme, *Wilhelmine, aus Treuen in Sachsen, Hilfeleistung zur Befreiung politischer Gefangener. 1853.*

Vogel, *Christian, (Louis), Commis aus Leipzig, Vagabund, Verbreiter aufrührerischer Schriften und am 3. Juni 1850 wegen Preßvergehen zu Eßlingen zu 9 Wochen Gefängnisstrafe verurteilt, hierauf aus Württemberg verwiesen.*

Feustel, *Amalie Auguste, Kattundruckers Ehefrau aus Chemnitz, wegen Teilnahme am Aufruhr im September 1848: auf 2 Jahre; begnadigt zu 1 Jahr.*

Brembach, *Robert, Gold- und Silberarbeiter aus Weißenfels; wegen Aufruhrs von den Zwickauer Gerichten zu 1 Jahr Arbeitshaus verurteilt.*

Kuschmann, *ledige Frauensperson zu Altenburg, Vorsteherin des dortselbst 1851 bestandenen Frauenvereins demokratischer Tendenz, der vorzugsweise die Unterstützung politischer Flüchtlinge bezweckte, Kuschmann wurde 1851 wegen politischer Umtriebe in Untersuchung genommen.*

Selter, *Musikus, wegen Teilnahme an dem zu Stuttgart am 3. Mai 1847 vorgefallenen Tumulte politischer Färbung zu 2 Jahren und 9 Monaten Festungshaft verurteilt* ...

Franzosenlärm

Im Jahre 1841 gab der »Bund der Gerechten« (ein Geheimbund deutscher Handwerker und Flüchtlinge) in Paris ein kleines Liederbuch heraus, die »Volks-Klänge«, mit 97 teils älteren, zumeist aber neuen, u. a. auch von Handwerkern selbst verfertigten Liedern.

In der Druckfehler-Liste am Ende des Büchleins findet sich ein interessanter Hinweis: Man möge doch bitte in dem Lied von Ernst Moritz Arndt »Des deutschen Jünglings Schwur« statt »franz'schen Tand« lesen: »eitlen Tand«. Die ganze Strophe heißt: »Auch schwör ich heißen blut'gen Haß / Und tiefen Zorn ohn' Unterlaß / Der Knechtschaft und dem franz'schen Tand / Und jedem Joch im deutschen Land«.

Keine Druckfehler-Berichtigung also, sondern eine ideologische Korrektur. Aus der Franzosenfresser-Strophe wird eine revolutionäre. Und das, obwohl im Erscheinungsjahr, 1841, mit aller Macht in Deutschland eine antifranzösische Stimmung geschürt wurde (angeblich gings um den »deutschen« Rhein), der sich nur wenige entziehen konnten. Aber die Herausgeber der »Volks-Klänge« kämpften unverdrossen gegen die chauvinistische Propaganda an, selbst noch in der Druckfehler-Liste.

Eine internationalistische oder kosmopolitische Haltung war überhaupt nicht selbstverständlich in der deutschen Opposition, im Gegenteil. Denn was wollten die Liberalen? Einen einigen, starken deutschen Staat. Und was braucht ein Nationalstaat? Eine nationale Ideologie. Also wurde seit der Romantik das Wesen des Deutschtums gesucht. Die national-liberalen Geschäftsleute fanden die »deutsche Tüchtigkeit«, die Geisteswissenschaftler sondierten das »deutsche Erbe«, und die Schädelvermesser entwickelten jene verhängnisvolle Ideologie von der »germanischen Rasse«, mit der noch 100 Jahre später die Nazis hausieren gingen.

Daß in diesem nationalen Selbstfindungsprozeß die Abrenzung grad gegen die Franzosen eine so große Rolle spielte, hatte verschiedene Gründe.

Seit den Kriegen gegen Napoleon definierte sich der deutsche Freiheitsheld der Einfachheit halber als der Nicht-Franzose, einer, der eben die andere Uniform trug, was ja durchaus der Logik der Kommiß-Köpfe entsprach. Deutsch ist demnach ein Territorium dann, wenn die französischen Uniformen vertrieben sind. Ansonsten ist Deutschland da, wo es Bier gibt und Gemütlichkeit und »wo Treue hell im Auge blitzt und Liebe warm im Herzen sitzt«. Dieser feine Vers stammt aus dem National-Schlager von Ernst Moritz Arndt »Was ist des Deutschen Vaterland?« von 1813. Des Dichters Antwort auf die Titelfrage: Groß soll es sein, riesengroß, alle deutschen Länder sollen drin aufgehen, auch Österreich und Tirol und sogar die Schweiz! (Haben die aber Glück gehabt!) »So weit die deutsche Zunge reicht« sagt Arndt, »Das ganze Deutschland soll es sein!«

Die deutsche Zunge.

Lehrer. „Also Michel! — wie weit kann man eigentlich annehmen, daß Deutschland sich erstreckt?"
Michel. „So weit die deutsche Zunge reicht!"
Lehrer. „Und wie weit reicht denn die deutsche Zunge?"

Michel. „So weit!"

Der Widerwille gegen die 35 parasitären Fürstenhöfe und der Ärger über den Schlagbaum hinter jeder Ortsausfahrt, also die Abneigung gegen die Kleinstaaterei – das war das eine.

Aber die Hoffnung auf die Großstaaterei, der nationale Größenwahn, Konkurrenz mit den anderen Weltmächten um Märkte, Beute und Kolonien, dieses »am deutschen Wesen wird die Welt genesen!«, diese Mischung aus Fichte, Krupp und Karl May – das war das andere.

Das eine hat sich in den Köpfen und Gefühlen mit dem anderen heillos vermischt. Und von dieser Mischung profitiert hat schließlich der preußische Militärstaat, der sich durchaus gesamtdeutsch zu erweitern wünschte, allerdings unter Beibehaltung des Gottesgnadentums, des Militarismus, der Klassen-Privilegien, also ohne Revolution.

Das Vaterlandslied von Ernst Moritz Arndt wurde unzählige Male parodiert. Am heftigsten greift ein Berliner Flugblatt-Lied von 1848 die verlogen-patriotischen Hochgefühle an:

> So weit die deutsche Zunge lügt,
> Betrognes Volk sich selbst betrügt,
> Das soll es sein! Das soll es sein,
> Und jeder Schuft stimmt jubelnd ein!
> Das ist des Deutschen Vaterland:
> Der Kriegerstand! Der Kriecherstand!
> Für die das Volk im Elend schwitzt
> Und freies Wort im Kerker sitzt.
> Das soll es sein, das soll es sein:
> So will's der Preußen Schandverein.
> Das ist des Deutschen Vaterland:
> An jeder Wand ein Vigilant,
> An jeder Eck ein Galgenstrick,
> Ein Bajonett für jedes G'nick?
> Das soll es sein? das soll es sein?
> Da schlag ein Donnerwetter drein!

Das Donnerwetter hat nicht dreingeschlagen, die Deutschen haben genau dieses oben beschriebene Vaterland 1871 bekommen. Und nicht zufällig brauchte dann das wilhelminische Kaiserreich seine Blut- und Feuertaufe in einem siegreichen Krieg gegen die Franzosen. Ja, Franzosenhaß und Unterdrückung aller freiheitlichen Bestrebungen in Deutschland waren für anderthalb Jahrhunderte zwei Seiten derselben Medaille. Der Selbstbetrug im großen nationalen »Wir« funktioniert nur, wenn das Freund/Feind-Schema funktioniert. Solang der deutsche Spießer seinen Erbfeind hat, kuscht er vor der eigenen Obrigkeit.

Kleine Abschweifung über den Westwind
Zur Erinnerung:
1789: Die Große Französische Revolution; der erste Streich.
1830: Die Juli-Revolution; der zweite Streich.
1848: Die Februar-Revolution; der dritte Streich.
Und dann erst kommt der deutsche März!
Länger als ein halbes Jahrhundert mußten die Deutschen warten,

und derweilen blieb ihnen nichts anderes übrig, als nach Westen zu starren, wo immer was los war. Sie starrten »nach drüben« mit gemischten Gefühlen, manche entsetzt, manche begeistert, viele ganz einfach neidisch. Denn die Franzosen hatten ja alles: die Theorie der Aufklärung und die Praxis des Aufstandes; und die zweitgrößte Stadt der Welt und eine doppelt so große Industrieproduktion und Kolonien und . . .

Und die Deutschen übersetzten, was ihnen der Westwind zutrug: die Menschenrechte, die Geschichte der Revolution, die Marseillaise, die Carmagnole, die Verse Bérangers. (Hoffmann von Fallersleben ließ sich von seinem Verleger Campe als »der deutsche Béranger« verkaufen.)

Einmal kamen für längere Zeit (1806 bis 1815) die Revolutionsarmeen über den Rhein, aber das war nicht das rechte. Zwar schnitt Napoleon nicht schlecht ab neben diesen nichtsnutzigen deutschen Fürsten; zwar räumte er auf mit manchen Grenzen und Verboten, alten Zöpfen und Privilegien; zwar trug er die Trikolore, das Banner der Revolution, aber es war nicht die Menschheitsfahne, es war die Fahne Frankreichs. Napoleon, der unbestrittene Star seiner Epoche, war letztlich doch Fremdherrscher, und das Totschießen und Totschlagen nahm kein Ende. In atemberaubendem Tempo wirbelte der Kaiser durch Europa. Sein Wirkungskreis wurde weltweit. Er hob ab. Eine Sagenfigur zu Lebzeiten.

Das niedere Volk saß unten auf dem Boden seiner Tatsachen, schaute mißtrauisch hinter der Grande Armée her (bis dahin die größte aller Zeiten), als sie nach Rußland zog, und machte sich auf die Niederlage einen Reim, wie er in dem weit verbreiteten Napoleonlied »Ist es denn gewißlich wahr . . .« klassisch ausgedrückt wird:

> Hochmuth wird von Gott gestraft
> Wie es steht geschrieben
> Und der stolze Bonapart
> Der muß unterliegen.

Der hat sich verstiegen, der ist zu weit gegangen, das kann nicht gutgehen. Und so schien es dann ab 1815, als ob das Rad der Geschichte wieder zurückgedreht würde: Die Bourbonen und all die adeligen Damen und Herren und ihr Ancien Régime kamen zurück nach Paris. Der Preußenkönig brach sein Verfassungsversprechen. Metternich organisierte sein berühmtes Polizei- und Spitzelsystem. Das achtzehnte Jahrhundert schien restauriert.

Aber nur 15 Jahre später hatten die Deutschen schon wieder Grund, neidisch fasziniert nach Westen zu schauen. Drei Tage im Juli 1830, »les trois glorieuses«, dauerte die Revolution, mit der das Volk von Paris den Bourbonen-König Charles X. verjagte und endgültig das Lilienbanner durch die Trikolore ersetzte. Wir können uns heute keine Vorstellung davon machen, wie die Nachricht und die Einzelheiten, die heroischen und rührenden Geschichten aus der Julirevolution in Europa herumerzählt worden sind, von den Barrikaden-

Juli-Revolution Paris, wahrscheinlich Faubourg St. Antoine. Die Leute attackieren Regierungstruppen, die durch die Straße reiten, u. a. werden auch Pflastersteine verwendet.

kämpfen in den populären Vierteln, vom Sturm auf den Louvre, von der Desertion der Regierungstruppen oder vom treuen Hund Medor, der nicht weichen wollte von dem Platz, wo sein Herr für die Freiheit gefallen war.

Der letzte absolutistische Bourbonenkönig Karl ging nach London ins Exil. Derweil emigrierten Tausende aus Deutschland nach Paris, um dort die Luft der Freiheit zu schnuppern. Die berühmtesten (aber nicht unbedingt politisch wirksamsten) Deutschen in Paris waren die Literaten, die nunmehr auf viele Jahre ihr Geld verdienen konnten mit Berichten über »Französische Zustände« oder »Briefen aus Paris« – das deutsche Zeitungspublikum verlangte danach.

In dieser Zeit wurde in Franken ein einfaches Volkslied gesungen, ein Zeitungslied, ein neuer Text auf das alte Muster des Napoleonliedes »Ist es denn nun wirklich wahr?«. Aber es ist tatsächlich ein *neues* Lied. Denn in diesem Lied geht es nicht mehr um die Kämpfe der gekrönten Edelhirsche untereinander, bei denen das Volk dient, verblutet oder resigniert zuschaut. Diesmal tritt das »Volk« selbst als Kämpfer in die Arena, als Subjekt und – als Sieger.

Dieses Lied hatte einen durchaus anregenden Charakter.

1. Ist denn das gewißlich wahr,
   Was man hat gesprochen?
   In Paris, da ist nun gar
   Aufruhr ausgebrochen.

2. Drei Tag und drei ganze Nacht
   Tut das Volk es wagen,
   Mit des Königs starker Macht
   Tapfer sich zu schlagen.

3. Viele Tausend sein blessiert,
   Jämmerlich erschossen,
   Und das Blut ist unerhört
   In der Stadt geflossen.

4. Alle Straßen reißt man auf,
   Bauet Barrikaden;
   Nichts als Schießen dran und drauf,
   Hauen, Stechen, Laden.

5. König Karl, der mußte fort,
   Hat verlorn die Hosen.
   Also geht es zu alldort
   Bei den Herrn Franzosen.

6. Hochmut wird von Gott bestraft,
   Wie es steht geschrieben,
   Un der stolze König Karl
   Muß jetzt unterliegen.

Text: Anonym. Mündlich überliefert aus Franken 1831.
Melodie: Eine Fassung des alten Napoleon-Liedes.

Es gibt spätere »Ist-es-denn-nun-wirklich-wahr«-Lieder, die sich auf den preußisch-französischen Krieg von 1870/71 beziehen. Sie sind so abgeschmackt und großmäulig wie die Siegesdenkmäler, und sie haben sich ebenfalls bis ins 20. Jahrhundert erhalten. Eine Textprobe:

Wilhelm zu den seinen sprach:
›Gebt euch nicht verloren.
Paris ist eine wunderschöne Stadt,
die müssen wir erobern.‹

Drinnen gibt es Bier und Wein
und auch schöne Mädchen
und ein Glas Champagner-Wein,
Wilhelm, der soll leben!

Prost Mahlzeit.

Die Pariser Juli-Revolution hatte für ganz Europa einen anregenden Charakter: Aufstände, Revolten, Unruhen, auch in Sachsen, auch in Hannover, Kurhessen, Hessen-Darmstadt. Und in Braunschweig verjagte »das Pöbel« seinen Herzog, der ebenfalls Karl hieß wie der glücklose Bourbone.

> Der Herzog Karl von Braunschweig
> der ist auch fortgejagt;
> er hat ja Land und Leute
> lang hart genug geplagt

sangen seine ehemaligen Untertanen.
Für die deutsche Opposition hielt der Aufwind eine Weile an. Zur Erinnerung:
1832 das Hambacher Fest.
1833 der bewaffnete Frankfurter Wachensturm (fehlgeschlagen).
1834 der »Hessische Landbote« und die (aufgedeckte) Verschwörung von Weidig, Büchner und Genossen.

Danach: Neue Demagogenverfolgung, verschärfte Zensur, wieder Friedhofsruhe.

Paris indessen kam nicht zur Ruhe. Die Besitzlosen sahen sich betrogen in der konstitutionellen Monarchie des Bürgerkönigs Louis Philippe. Dessen Parole: »Enrichissez-Vous!« (Bereichert Euch!) war gut für die Reichen, die Bankiers und die Spekulanten. Für die armen Leute war es ein Hohn. Schauen wir uns noch einmal das berühmte Bild von Delacroix an, das die Ideologie der Juli-Monarchie genial ausdrückt: »La liberté guidant le peuple«, ausgestellt zum ersten Mal im Louvre und dem deutschen Publikum bekannt gemacht durch Heinrich Heines Beschreibung.
Und dazu ein Auszug aus Heines Bericht für das »Morgenblatt für gebildete Stände« (1831):

Eine Volksgruppe während den Juliustagen ist dargestellt, und in der Mitte, beinahe wie eine allegorische Figur, ragt hervor ein jugendliches Weib, mit einer roten phrygischen Mütze auf dem Haupte, eine Flinte in der einen Hand und in der andern eine dreifarbige Fahne. Sie schreitet dahin über Leichen, zum Kampfe auffordernd, entblößt bis zur Hüfte, ein schöner, ungestümer Leib, das Gesicht ein kühnes Profil, frecher Schmerz in den Zügen, eine seltsame Mischung von Phryne, Poissarde und Freiheitsgöttin. Daß sie eigentlich letztere bedeuten solle, ist nicht ganz bestimmt ausgedrückt, diese Figur scheint vielmehr die wilde Volkskraft, die eine fatale Bürde abwirft, darzustellen. Ich kann nicht umhin, zu gestehen, diese Figur erinnert mich an jene peripatetischen Philosophinnen, an jene Schnelläuferinnen der Liebe oder Schnelliebende, die des Abends auf den Boulevards umherschwärmen; ich gestehe, daß der kleine Schornsteincupido, der, mit einer Pistole in jeder Hand, neben dieser Gassenvenus steht, vielleicht nicht allein von Ruß beschmutzt ist; daß der Pantheonskandidat, der tot auf dem Boden liegt, vielleicht den Abend vorher mit Contremarken des Theaters gehandelt; daß der Held, der mit seinem Schießgewehr hinstürmt, in seinem Gesichte die Galeere und in seinem häßlichen Rock gewiß noch den Duft des Assisenhofes trägt; – aber das ist es eben, ein großer Gedanke hat diese gemeinen Leute, diese Krapüle, geadelt und geheiligt und die entschlafene Würde in ihrer Seele wieder aufgeweckt.

Zweiter Versuch einer Bildbeschreibung, 152 Jahre später.
Da stürzt also die Krapüle (= Gesindel) über eine der 6000 Pariser

Barrikaden. Die Volksgruppe ist ziemlich repräsentativ ausgewählt, wenn wir den Augenzeugenberichten und den Gefallenen-Listen trauen dürfen. Links der Arbeiter mit dem Säbel, daneben ein heruntergekommener Handwerker mit Knarre, aufgestützt liegend ein Taglöhner mit Bauern-Kopftuch, rechts ein pistolenschwingender Straßenjunge und in der Mitte die Frau aus dem Volk, laut Heine halb Poissarde (= Fischweib), halb Phryne (= Dirne).

Solche Leute haben die Bourbonen verjagt.

Heine liegt es fern, beim Anblick von Volk zu tümeln. Er assoziiert Dreck, Armut, Kriminalität, Prostitution und schlechten Geruch. Aber es gefällt ihm, daß dieses Gesindel »geadelt« wird. (Die Metapher verrät, in welchem Duft-Kreis Heine sich wohlfühlt.) In der Tat, Delacroix hat die Frau auf der Barrikade geadelt. An den Kämpfen im Juli 1830 waren viele Frauen beteiligt gewesen, darunter auch richtige Fischweiber und richtige Huren. Warum hat der Maler nicht so eine wirkliche Frau gemalt? Im ersten Entwurf sah die Liberté übrigens noch sehr viel ordinärer aus, realistischer. Aber dann hat Delacroix die Figur geschönt und das Gesicht ins klassische Profil gerückt, das heute die 100-Francs-Scheine der Bank von Frankreich schmückt.

Einem wirklichen Fischweib hätte man kleine Gedanken und kleine Wünsche angesehen. Die Wünsche nach einem besseren Leben, nach Freiheit und Gerechtigkeit für die Unteren, für die »gemeinen« Leute. Aber Delacroix wollte das Allgemeine darstellen, den »großen Gedanken«. Und der große Gedanke, ist das vielleicht bloß die neue Staatsidee? Die konstitutionelle Monarchie, über der die Trikolore weht anstelle des Lilien-Banners? In der jetzt die Bankiers vom Schlage Laffitte und Casimir Perier die Macht haben anstelle der alten Hofschranzen? Und die »liberté«? Ist damit bloß die Freiheit der Reichen gemeint, sich zu bereichern? (Im selben Jahr, in dem das Bild von Delacroix ausgestellt wird, läßt die Regierung den Lohnstreik der Lyoner Seidenweber blutig niederschlagen.)

Nein, von all dem redet das Gemälde nicht, denn es geht nicht um Wirklichkeit, sondern um Ideologie. In dieser Allegorie »La liberté guidant le peuple« fließen die Revolutionsgeschichte der Unteren und die Staatspolitik der Oberen zu einer glänzenden Lüge zusammen. Denn in Wirklichkeit gehen die Interessen der Finanzbourgeoisie und die Interessen der Besitzlosen nicht auf im Gemeinwohl. Die millionenfach nachgedruckte Frau mit der Jakobinermütze hat nichts zu tun mit einer wirklichen Barrikadenkämpferin. »Delacroix«, schreibt Baudelaire in einem Nachruf, »betrachtete die Frau als Kunstgegenstand.« Und solches Kunst-Gewerbe war brauchbar für Falschmünzer.

In den 18 Jahren der Juli-Monarchie hörten die Unruhen niemals auf: Aufstände in Lyon und Paris, Verschwörungen, radikale Agitation in den Vorstädten, und: Attentate. Insgesamt sieben Attentate hat der König Louis Philippe (König Birne) auf sich gezogen und freundlich grüßend überlebt. Sein berühmtester Attentäter war der Fieschi, Protagonist zahlreicher Moritaten.

Joseph Fieschi, Corse, Sohn eines Schafhirten, aufgewachsen mit den Idealen der Revolution, überlebt als 22jähriger Soldat den mörderischen Rußlandfeldzug 1812, dann in neapolitanischen Diensten, wegen Aufruhr zum Tode verurteilt, begnadigt, findet – wie viele seiner Generation – keinen Platz mehr in der Gesellschaft, wegen Betrugs verurteilt, überlebt 10 Jahre Gefängnis, kommt als 40jähriger 1830 nach Paris mit seinen alten Träumen, arbeitslos, total verarmt, baut sich schließlich aus 24 Flintenläufen eine Höllenmaschine. Zum 5. Jahrestag der Revolution, am 28. Juli 1835 schießt er aus einem Fenster am Boulevard du Temple auf Louis Philippe und sein Gefolge. Er erlegt achtzehn auf einen Streich, u. a. den General Mortier. Der König allerdings kommt ungeschoren davon.

Fieschi und seine Genossen werden im Februar 1836 guillotiniert. Die ganze Geschichte erregte ein gewaltiges Aufsehen, sie ist ja auch ein Stoff, aus dem die großen Melodramen gemacht sind. In Deutschland kursierte dieses Leierkastenlied:

DIE HÖLLENMASCHINE

IN DEN HEISSEN JU-LI-TA-GEN HAT SICH SOLCHES ZU-GE-TRAGEN

IN PARIS, DER GROSSEN STADT DAS BEWUSSTE AT-TEN-TAT.

1. In den heißen Julitagen
   Hat sich Solches zugetragen,
   In Paris, der großen Stadt,
   Das bewußte Attentat!

2. Umgeben von den Generalen,
   Und den Adjudanten alen
   Ritt König Louis Philipp aus,
   In das Representantenhaus.

3. Und alles Volk von Fern und nah,
   Das schrie nur immer vive le Roi,
   Und jeden Bettler an der Krück
   Gab Philipp ein Zweigroschenstück.

4. In einem nah geleg'nen Haus
   Stellt Fieschi seine Büchsen aus
   Zehntausend Schüsse auf einmal
   's war ein gräßlicher Skandal.

5. Da bracht' ein Knäblein zart und fein
   Dem Philipp ein uniformirtes Bein.
   Es war dem Mortier sein Fuß,
   Der kriegte keinen schlechten Schuhß.

6. Und auch ein Teutscher, Namens Haase,
   Verlor dabei die ganze Nase,

Der Schuß der ging ihm durch die Talje
Den Kopf den fand man zu Versalge.

7. O Fieschi grauser Bösewicht,
   Was that dir Haasens Angesicht!
   O höret was ein Weiser spricht,
   Schießt ja auf keinen König nicht!

Text und Melodie: In einem Liederbuch von 1843 wird ein Leipziger
Student namens Weil als Urheber genannt.

Wir gehen davon aus, daß die Leierkasten-Sänger sofort auf die
Zeitungsnachrichten vom Fieschi-Attentat mit diesem oder einem
ähnlichen Lied reagiert haben. Und so ein Lied ist subversiv. Da ist
keine Spur von Pietät drin, noch nicht mal ein höfliches Hut-ab-
zum-Gebet, keine Spur von Distanzierung. Nur unverschämte
Parodie (die Almosen-Show des Königs mit dem Bettler), groteske
Bilder (das Knäblein mit dem uniformierten Bein), rotzige Reime
(Talje/Versalge); und keine Moral. Oder ist das etwa eine Moral:
Schießen Sie nicht auf den König (nicht wegen dem König, der ist
egal), Sie könnten nämlich Haase treffen, der nun wirklich unbetei-
ligt ist . . .?

Neun Jahre später hatte auch Preußen sein spektakuläres Attentat,
und ein entsprechendes, aber noch sehr viel gefährlicheres Lied. Der
ehemalige Bürgermeister Tschech nahm eine schlichte Pistole und
schoß auf Friedrich Wilhelm IV. Daneben. Ein berühmter Vers aus
einer der vielen Liedfassungen heißt:

> Hatte je ein Mensch so'n Pech
> wie der Bürgermeister Tschech,
> daß er diesen dicken Mann
> auf zwei Schritt nicht treffen kann.

(Wir verzichten hier auf den Abdruck dieses Liedes, weil es fast in
allen Sammlungen enthalten ist.)
Fazit: Wenn schon diese Straßenlieder von scheinheiliger Frechheit
bis zur offenen Billigung terroristischer Aktivitäten gehen, ist es mit
dem Konsens zwischen Landesherrn und Landeskindern nicht mehr
weit her. Und das stellten auch die besorgten Politiker fest, da war
ein Bruch in der Gesellschaft, und der war sehr gefährlich. Und sie

fragten sich natürlich, wo kommen denn all diese giftigen Gedanken her, die republikanischen Theorien, das schlechte Beispiel, die revolutionären Anregungen? Und sie sagten: das kommt jetzt schon seit 50 Jahren unablässig von drüben, aus dem Westen, aus Paris, das muß unterbunden werden. Aber Grenzkontrolle und Pressezensur nützten nichts. Da verfielen sie auf eine bessere Idee. Sie begannen die fortschrittlichen Ideen als »undeutsch« zu denunzieren, weil eben »französisch«. Und die Franzosen seien nun mal unser natürlicher Konkurrent, unser Erbfeind. In den vierziger Jahren ließen die Herrschenden den Franzosenhaß mächtig schüren – und die National-Liberalen fielen ein in den Chor: Hütet euch vor den Franzosen! Sie wollen den deutschen Rhein stehlen! (Und wer schon den Rhein stiehlt, wird der haltmachen vor deinem Geldbeutel?) Hütet euch vor den Franzosen, ihr rationalistisches Gerede soll eure deutsche Identität zersetzen! (Und das war ja tatsächlich ein empfindliches, schwaches Pflänzchen, dieses Deutschtum.) Deutsche Männer, schützt eure blauäugigen Frauen vor den schamlosen Franzosenhosen! (Der Sexualneid ist offenbar immer ein wichtiger Bestandteil solcher Ideologien.)

Und je größer die Franzosengefahr erschien, umso wichtiger war es dann selbstverständlich, sich zusammenzuschließen. Also schloß sich das deutsche dicke »Wir« zusammen: Der feudale Vielfraß und der Hungerleider, der Fabrikherr und der Arbeiter, der Marschall und der Musketier, alle in einem Boot, und bitte nur kein Streit jetzt »in den eigenen Reihen«!

Der Trick hat funktioniert. Ein ganzes Jahrhundert lang hat er sehr gut funktioniert.

Ein Beispiel aus der Badischen Revolution 1848:

Im März startete in Paris eine »demokratische Legion« (u. a. mit Georg Herwegh) Richtung Straßburg. Zum größten Teil bestand die Legion aus deutschen Handwerkern, Arbeitern und Flüchtlingen, die sich für die deutsche Freiheit schlagen wollten. Nichtsdestotrotz und wider besseres Wissen verbreiteten die Herrschenden einen sogenannten »*Franzosenlärm*, d. h. dunkle Gerüchte, wonach wilde Scharen ›französischer Mordbrenner‹ in Süddeutschland eingefallen seien . . .«

Angeblich gegen diese Franzosengefahr zog die badische Regierung Truppen aus Hessen, Nassau, Württemberg und Bayern zusammen, angeblich um das badische Volk zu schützen. Tatsächlich ließ die Regierung diese auswärtigen Truppen dann aufs eigene Volk los. Der Trick funktionierte.

Am 8. April ließ der Abgeordnete Mathy, der kurz darauf mit einem Regierungsamt belohnt wurde, am Karlsruher Bahnhof den populären Redakteur der radikalen Konstanzer »Seeblätter« Joseph Fickler verhaften.

Wie der erste deutsche Reichs-Polizei-Minister seinen Probegang thut. —

Karikatur auf Mathy aus dem Jahre 1848.

»Mathy kam noch an diesem Tage nach Mannheim zurück, wo die Nachricht von seiner Tat ungeheure Aufregung hervorgerufen hatte. Das Volk tobte um sein Haus mit dem Rufe ›Volksverräter!‹« Nun, wie zog sich wohl der saubere Herr aus der Affäre? Er behauptete einfach, Fickler habe »mit den Franzosen konspiriert«, was gelogen war. Aber der Trick funktionierte. »Das Volk verlief sich daraufhin«, schreibt der Historiker. Eh voilà.

Zur Zeit wird aus Jubiläumsgründen das Jahrhundertwerk der deutsch-französischen Aussöhnung gerühmt. Bloß, wozu müßte denn heutzutage noch jemand »Franzosenlärm« schlagen? Schließlich funktioniert doch seit 1945 genau derselbe Trick mit Hilfe des »Russenlärms«. Es ist genau derselbe Trick, bis ins kleinste Detail.

32

Brot

... Geht einmal nach Darmstadt und seht, wie die Herren sich für euer Geld dort lustig machen, und erzählt dann euern hungernden Weibern und Kindern, daß ihr Brot an fremden Bäuchen herrlich angeschlagen sei, erzählt ihnen von den schönen Kleidern, die in ihrem Schweiß gefärbt, und von den zierlichen Bändern, die aus den Schwielen ihrer Hände geschnitten sind, erzählt von den stattlichen Häusern, die aus den Knochen des Volks gebaut sind; und kriecht in eure rauchigen Hütten und bückt euch auf euren steinichten Äckern, damit eure Kinder auch einmal hingehen können, wenn ein Erbprinz mit einer Erbprinzessin für einen anderen Erbprinzen Rat schaffen will, und durch die geöffneten Glastüren das Tischtuch sehen, wovon die Herren speisen, und die Lampen riechen, aus denen man mit dem Fett der Bauern illuminiert ...

Ist das revolutionärer Kitsch?
Der dies geschrieben hat, war damals, 1834, einundzwanzig Jahre alt, Student in Gießen, hielt sich nicht auf bei den Tabak- und Bier-Ritualen der vaterländischen Burschenschaft, sondern in einem politischen Geheimbund. Ein Vormärz-Dichter, der nicht für den Literatur-Markt schrieb, sondern fürs niedere Volk, einen Aufruf, eine revolutionäre Flugschrift, die zu verbreiten eine äußerst gefährliche Arbeit war. Der Geheimbund galt als terroristische Vereinigung. Die Schrift, »Der Hessische Landbote«, war strengstens verboten. Der Autor, Georg Büchner, wurde gesucht, floh schließlich nach Straßburg ins Exil.
Ist das Kitsch? Hat er dramatisiert, der junge Mann?
Er hat keineswegs dramatisiert. Hunger war eine Realität. Massenarmut war eine Realität. Kinder starben einfach weg, weil es nichts zu essen gab. Und oben im Schloß, oder in der Stadt in einem reichen Handels- oder Bankiers-Haus wußten die Gäste eines Festmahls nicht, wie sie alle Gänge in einem einzigen Magen unterbringen sollten. Was heißt denn das, wenn in den Büchern steht, 1817 war ein »Hungerjahr«, und 1846 und 1847 waren auch Hungerjahre? Was heißt es, wenn von einem »Agrarproletariat« im Odenwald die Rede ist? Was heißt es, wenn die Beamten der adligen Herrschaft sich vor der Ernte das beste Zehntel holen? Wenn sich in schlechten Jahren selbst »ganz bemittelte« Bauern ihre Brotfrucht beim Wucherer

»Herren und Volk«

kaufen mußten? Was heißt es, wenn in den Zeitungen von 1842 / 1843 / 1844 Meldungen stehen von Arbeitslosen-Heeren, von »halbverhungerten Männern, Weibern und Kindern«, und zwar in fast allen Gebieten Deutschlands, oder die Nachricht, »in Schlesien sind mehr als 50 000 Familien dem Hungertode ausgeliefert«?

Es fällt uns heute schwer, etwas davon zu begreifen, was damals »Armut« hieß. Das Fernsehen serviert uns die Menschenskelette aus Afrika und Asien, aber sie sind uns menschlich ferner als das außerirdische Wesen E. T. Unsere Einkaufsstraßen sind vollgestopft mit nutzlosen Waren, und wer eine Konsum-Mode nicht mitmachen kann, gerät in Panik. Und dann haben ja auch die romantisierenden Märchensammler des 19. Jahrhunderts der Armut diese rührende kleine Zipfelmütze aufgesetzt. Die Armut ist nett, eine kleine, reinliche, fromme Familie im Häuschen am Dorfende, hat treue blaue Äuglein, und irgendwann regnen ihr die Sterntaler in den Schoß.

Wovon wir aber reden müssen, ist Massen-Armut. Armut als Normalzustand. Es gibt da z. B. eine zeitgenössische Untersuchung, eine Rechnung, die der Professor Hildebrand aus Marburg aufgemacht hat:

Ein Schuhmacher- oder Schneidermeister verdiente um das Jahr 1840 in Oberhessen etwa 100 Reichstaler im Jahr. Davon ging rund ein Drittel für Wohnung, Holz, Licht, Kleidung, Wäsche und einige andere Bedürfnisse ab, so daß für die tägliche Kost der Familie nur 5⅓ Silbergroschen zurückblieben.

Die Kaufkraft dieser Silbergroschen (errechnet anhand der damaligen Fleisch- und Brotpreise) war ziemlich schwach: Nach heutigen Preisen mußte demnach eine 6- oder 8köpfige Handwerker-Familie mit 10 Mark pro Tag auskommen. Und das, wohlbemerkt, in einem normalen Jahr! Und nicht bei armen Leuten, sondern bei einem Handwerksmeister! Und obendrein in einer Gegend, wo das Handwerk noch nicht unter der Industrialisierung zu leiden hatte.

In ganz Deutschland waren damals unzählige Versionen eines Volksliedes verbreitet, das darstellt, wie ein Kind verhungert, so sehr sich seine Mutter auch abrackert. Wir drucken hier eine Fassung aus Steinhofen bei Hechingen ab. Die Melodie haben wir nachträglich hinzugefügt.

Der Herausgeber der »Altrheinischen Mährlein und Liedlein« hat auch eine Version dieses Liedes abgedruckt und sich zu folgendem Kommentar veranlaßt gesehen: »Von einer hartherzigen Mutter und wie sie ihr Kindlein eines jämmerlichen Hungertodes versterben ließ.« So kriegt die Frau, von der das Lied handelt, noch nachträglich einen Tritt, weil sich der bürgerliche Moralist die soziale

Wirklichkeit nicht vorstellen will. In seiner calvinistischen Ethik gibt es nur selbstverschuldete Armut und selbstverdienten Reichtum. Auf den Gedanken, daß gerade sein Reichtum die Ursache für die Armut der anderen ist, mag er nicht kommen. Also diffamiert er lieber die Armut als hartherzig, faul, zügellos und begehrlich.

‹ MAMELE, MAMELE, GIB MIR BROT ! ODER ICH STERB HUNGERSNOT. ›

‹ WARTE NUR, MEIN LIEBES KIND, MORGEN WILL ICH SÄEN ! ›

‹ ALS DAS KORN GESÄET WAR, STAND DAS KIND SCHON WIEDER DA:

1. »Mamele, Mamele, gib mir Brot
   Oder ich sterb Hungersnot!«
   »Warte nur, mein liebes Kind,
   Morgen will ich säen.«
      Als das Korn gesäet war,
      Stand das Kind schon wieder da:

2. »Mamele, Mamele, gib mir Brot
   Oder ich sterb Hungersnot!«
   »Warte nur, mein liebes Kind,
   Morgen will ich schneiden.«
      Als das Korn geschnitten war
      Stand das Kind schon wieder da:

3. »Mamele, Mamele, gib mir Brot
   Oder ich sterb Hungersnot!«
   »Warte nur, mein liebes Kind,
   Morgen will ich heimführen.«
      Als das Korn heimgeführt war
      Stand das Kind schon wieder da:

4. »Mamele, Mamele, gib mir Brot
   Oder ich sterb Hungersnot!«
   »Warte nur mein liebes Kind,
   Morgen will ich dreschen.«

Als das Korn gedroschen war
Stand das Kind schon wieder da:

5. »Mamele, Mamele, gib mir Brot
Oder ich sterb Hungersnot!«
»Warte nur, mein liebes Kind,
Morgen will ich mahlen.«
Als das Korn gemahlen war
Stand das Kind schon wieder da:

6. »Mamele, Mamele, gib mir Brot
Oder ich sterb Hungersnot!«
»Warte nur, mein liebes Kind,
Morgen will ich backen.«
Als das Brot gebacken war
Da lag das Kind im Felsengrab.

Text: mündlich überliefert
Melodie: Walter Moßmann

1843 gab die damals sehr berühmte Schriftstellerin Bettina von
Arnim ein politisches Buch heraus mit dem Titel: »Dies Buch gehört
dem König«. Darin hat sie u. a. auch einen Sozialreport abdrucken
lassen, den der Schweizer Student Grunholzer für ein Honorar von
50 Talern im sogenannten Vogtland gemacht hatte. Das Vogtland
war ein Slum, vor dem Hamburger Tor Berlins gelegen, wo rund
2500 Menschen in insgesamt 400 Stuben lebten; d. h. im Durchschnitt benutzten sechs Menschen eine solche Stube als Wohn- und
Schlafraum, Küche und Werkstatt (so z. B. die Weber). Die Betten
wurden zumeist von mehreren Personen benutzt und waren Stroh-
säcke oder einfach Strohbündel. Die Kleider nennt der Student öfter
»Lumpen«, und immer wieder trifft er Kinder, die vor Hunger
weinen. Der Leser erfährt auch, was die Leute da essen: Kartoffeln,
abends Kartoffelschalen, rohe Kartoffeln (wenn kein Geld für
Brennholz da ist), dünne Mehlsuppen, oder Brot und bitteren
Kaffee (manchmal aus bei Nachbarn getauschtem Kaffeesatz), und
immer wieder kommt der Hinweis: zweimal am Tag gibt es
höchstens zu essen, aber auch das ist nicht sicher . . .
Der König Friedrich Wilhelm IV. habe, lesen wir, in diesem Buch
bloß geblättert und geäußert, er könne nichts damit anfangen.
Vermutlich hat es noch nicht einmal seine Verdauung gestört.

Von den Suppen.

5.
Eine sehr kräftige Suppe von Raben
zu machen.

Bekanntlich kann man von zerstoßenen Vögeln, von Kramtsvögeln, Lerchen u. d. gl. kräftige Suppen kochen; allein man hat selten einen solchen Ueberfluß dieser Vögel, daß man sie zu Suppen verwenden kann, und man bringt sie lieber gebraten auf die Tafel. Weniger bekannt ist es aber, daß man auch die Raben zu Suppen benutzen kann, die man in Deutschland ohnehin nicht zu Braten gebraucht, und von denen man überhaupt in den Küchen keinen Gebrauch macht. Zu Suppen lassen sie sich recht wohl verwenden, wenn man einige, nachdem sie gerupft und ausgenommen sind, ganz zerstoßt, mit Wasser ansetzt, hinlänglich salzet, und so lange kocht, bis alle Kraft ausgekocht ist. Man erhält davon eine überaus kräftige Fleischbrühe, die dann wie jede Fleischbrühe zu einer beliebigen Suppe verwendet werden kann.

Die Lebensbedingungen der Slumbewohner im Vogtland waren nur wenig schlechter als die allgemeinen Lebensbedingungen der arbeitenden Klassen. Wir finden dort Massen-Berufe (Weber, Tischler, Schuster, Schneider, Glaser, Arbeiter) und Massenschicksale (Witwen, Frauen, die den verehelichten Saufaus ernähren müssen, Kriegsinvaliden). Und auch die allgemeinen Lebensbedingungen wurden in Krisenjahren so unerträglich, daß den Leuten der Kragen platzte.

1847 war so ein Jahr. In ganz Deutschland kam es zu Brot-Tumulten. Am 22. März in Breslau, am 17. und 18. April in Eisleben und Merseburg, vom 21. bis zum 23. April in Berlin und anderen Städten wie Halle, Eilenburg, Landsberg, Stettin, Swinemünde und Posen, am 27. April in Nürnberg, vom 1. bis 3. Mai in Ulm und Stuttgart, im Juni in Hamburg und am 31. Juli in Chemnitz.

Hungerkrawall in Stettin, 1847

Als ein Beispiel für viele dokumentieren wir den Stuttgarter Beckensturm. Wir benutzen dafür 3 Quellen: einmal zeitgenössische Zeitungsberichte, außerdem Gerichtsakten und schließlich das behaglich-ironische Versepos eines Verseschmieds, der sich Cyrillus nennt.

Der Krawall in Stuttgart vom 3. Mai 1847

oder:

»Aufruhr gegen den Bäcker Mayer, Stuttgart, Hauptstätterstraße wegen zu hoher Brot- und Lebensmittelpreise«

Der Dichter dieses gewaltigen Versepos von 210 Strophen macht zu Beginn viele Strophen lang Witze über »böse Vorzeichen«, die auf den Tag der Revolte hingewiesen hätten; parodiert so die Zeitungen, die lange vorher schon »sichere Anzeichen« für eine Verschwörung bemerkt haben wollen.

Solche und viel and're Omen
Deuteten, was würde kommen,
Daß sich 'd Mägd am Brunnenrohr
Flüsterten den Tag in's Ohr.

Und er kam gar wunderbarlich;
Denn der Schwab trägt offenbarlich,

Ungleich wildem Lumpenpack,
Gerne seine Faust im Sack.

Aber wie der Laubfrosch quäknet,
Wenn es Zeit ist, daß es regnet,
So schreit ein sonst stilles Herz
Ueberlaut in seinem Schmerz.

Und der Schmerz, der in dem leeren
Magen nichts hat zu verzehren,
Ist ein Gram, wie keiner nicht,
Eine Kraft, die Eisen bricht.

Da hilft kein Gebet noch Fluchen:
Brod nur oder Zwiebelkuchen
Bändigen den gift'gen Wurm,
Lullen sänftlich sein Gemurm.

Aber daran fehlt es leider,
So dem Schuster wie dem Schneider,
So der Frauen, wie der Magd –
Wen man hörte, hat geklagt.

Denn jetzt will ein Volk ich nennen,
Das der Armen Flüche brennen,
Kipperer sind sie genannt
Auf und ab im deutschen Land.

Kipperer sind Spekulanten. Wenn das Angebot an Getreide (=
»Frucht«) auf dem Markt so groß ist, daß der Preis eigentlich sinken
müßte (= »Abschlag«), kauft es der Kipperer zum überhöhten
Preis auf, hortet es und wirft es in Mangelzeiten auf den Markt,
wenn die Leute zu jedem Preis kaufen müssen, wollen sie nicht
verhungern.
Vor dem Stuttgarter Krawall kam es schon am 1. Mai in Ulm zu
einer Hunger-Revolte. Sie begann auf dem Kartoffelmarkt, wo
einige Händler nur zu überhöhtem Preis oder überhaupt nicht
verkaufen wollten.

*Ulmer Kronik vom 1. Mai 1847: In dem Kornhause dieselbe Weige-
rung der Fruchtverkäufer; doch hätten sich diese vielleicht zu einem*

Abschlag bequemt, als H. Wieland, der Langmüller an der Blau,
gerufen haben soll: »Nur zugeknüpft, ihr Bauern, ich kaufe Alles!«
Die Entrüstung über diesen reichen Mann, welcher als Hauptkippe-
rer gilt, war schon zuvor groß; auf diese Worte hin aber kannte sie
keine Gränzen mehr; er wurde sogleich gefaßt, aus dem Kornhaus
weggezerrt, auf dem offenen Platz niedergeworfen und mißhandelt;
mit zerfezten Kleidern rettete er sich mühsam in ein benachbartes
Haus . . .

Nicht ein Dieb, der heimlich klaubet,
Nicht ein Bösewicht, der raubet,
Reichet zu dem Wuch'rer hin,
Den die Hölle ausgespie'n.

Möchten doch die künft'gen Zeiten
Dieser Hyder Tod bereiten;
Möchte das Gesetz nicht ruh'n,
Kopf um Kopf sie abzuthun!

Ulmer Kronik: . . . Aber das Feuer war nun einmal angezündet.
Eine Stimme rief: »Nach der Langmühle!« Auf einmal eilten die
Haufen . . . in die untere Hirschgasse . . . Erst flogen Steine . . . an
das Mühlgebäude, dessen Fenster zerstört wurden, dann schlichen
sich allmählich Einzelne auf beiden Seiten hinter dasselbe, zu dem
zweiten Haus des Wieland . . . die Thüren wurden eingerannt, die
Meubles mit den Händen zerbrochen (die Menge hatte gar keine
Waffen) und alles, was nicht gemauert war, zerstört. Schon zuvor
hatte das Plündern begonnen . . .
(Anschließend ging es dem Bierbrauer und Hasenwirt Frick nicht
besser. Er habe gesagt: »Die armen Leute soll man den Säuen zu
fressen geben.«)

Wirthen auch ist anzurathen
Mäßigung in Wort und Thaten,
Denn in Ulm hat die Geschicht'
Sich auf einen Wirth gericht't.

Reichen will ich noch beweisen,
Sich der Mildigkeit zu fleißen,
Denn manch spitzig Steinlein flog,
Wo da saß ein reicher Gog.

Und die Herren der Regierung
Mahnet ernstlich die Aufrührung,
Selbst zu seh'n mit Augen an,
Was man niemals schreiben kann.

Denn es ward im Tanz der Horen
Ein gar seltsam Thier geboren,
Das der Communismus heißt,
Und erschrecklich um sich beißt.

Wie das Raubthier in der Höhle
Lauert er auf eine Seele,
Die da Geld und Gut besitzt,
Daß er solches wegstipitzt.

Nicht durch Polizeiverbote
Hetzet man das Wild zu Tode –
Humanismus heißt der Mann,
Der allein es bänd'gen kann.

*Schwäbische Kronik, Stuttgart, vom 4. Mai 1847: . . . Schon seit
mehreren Tagen hatte man sichere Anzeichen, daß nach dem
Beispiele an anderen Orten auch hier eine Störung der öffentlichen
Ruhe und Eigenthumsbeeinträchtigung beabsichtigt sei, welche zunächst ihren Vorwand in der gegenwärtig herrschenden Theurung
der nothwendigsten Lebensbedürfnisse fände und ihren Gegenstand
hauptsächlich auf solche Besitzende richten sollten, welche die Meinung als Spekulanten auf Preis Erhöhung des Getreides bezeich-
nete . . .*

Schob man doch in den Journalen
Zu die Schuld den Radikalen,
Und der Opposition
Gab man auch ihr Theil davon.

Ach! die armen Radikalen
Sollen jede Zech bezahlen;
Stört sich irgendwo die Ruh,
Schiebt man's ihnen in den Schuh!

Schwäbische Kronik: . . . Es hatte sich allgemein das Gerücht ver-
breitet, daß es an dem Abend des 3. Mai zunächst auf das Haus des
Bäckermeisters Maier in der Hauptstätterstraße abgesehen sei, und
es waren in Folge dessen die Truppen der Garnison, so wie Abthei-
lungen der Bürgergarde, bereit gehalten, auf den ersten Ruf der
gesezlichen Stelle, zur Unterdrückung etwaiger Exzesse einzuschrei-
ten. Mit Einbruch der Nacht füllte sich allmälig die gedachte Straße
mit zum größeren Theil den niederen Volksklassen, Handwerksge-
sellen, Lehrjungen, Fuhrknechten etc. angehörigen Leuten . . . deren
Absichten alsbald durch Steinwürfe gegen das obengenannte Haus
sich kund gaben . . .

Abends um die halber Achten
Montags, konnte man betrachten
Einen großen Menschenbund,
Der vor einem Hause stund.

Oben an die Zimmer'sellen
Thäten sich mit Aexten stellen,
Maurer brachten Hebel her,
Schneidersjungen ihre Scheer.

Fuhrmannsknechte mußten pfeifen,
Karren auf die Straßen schleifen,
Nasenweise, jung und alt,
Bildeten den Hinterhalt.

Straßenjungen mußten johlen,
Mägdlein, keck wie junge Fohlen,
Brachten ihrem lieben Schatz
Straßensteine auf den Platz.

Schustersg'sellen nicht vergessen!
Welches man daraus kann messen
Daß der einzig Todte hier
War ein armer Pechcawlier.

Wer sonst noch dabei gewesen,
Kann man im Register lesen,
Das der Obercriminell
Angefertiget zur Stell.

Schwäbische Kronik: . . . kurz nach 8 Uhr erschien die Bürgergarde auf dem Plaze und fand auch sogleich Anlaß, thätlich einzuschreiten . . . unmittelbar darauf trafen zu ihrer Unterstützung . . . Reiterei- und Infanterie-Abteilungen ein, und suchten sowohl durch Vorstellungen als Warnungen auf die tobende Menge zu wirken . . . Vergebens! Die Massen wuchsen an . . . bald schien ein Regen von Steinwürfen, ein aus dem Keller eines sehr achtbaren Bürgers gefallener Schuß und die Errichtung von Barrikaden aus ineinandergeschobenen Wägen auf den Straßen das Signal zu größeren Verwicklungen zu geben . . .

Aber die bewußten Jungen
Nach wie vorher sind gesprungen,
Haben die Armee verhöhnt,
Welches ist doch hoch verpönt.

Haben sich so weit verwogen,
Daß gar ihre Steine flogen
In des Militäres Corps,
Käppi's treffend und das Ohr.

Schwäbische Kronik: . . . Die Reiterei war genöthigt, Angriffe mit blanker Waffe zu machen, die Infanterie zerstörte die Barrikaden und das kräftige Zusammentreten beider trieb die zügellosen Schaaren vor sich her; doch hier verjagt, ordnete sich der Widerstand schnell wieder an anderen Punkten, und leider können wir hierbei nicht verhehlen, daß selbst aus Häusern vornämlich in der Markt- und Holzstraße mit Steinen auf die durchziehenden Truppen geworfen wurde . . .

Jetzo in den engen Gassen
Konnt' die Reiterei nicht fassen
Festen Fuß mit Roß und Mann,
Weil das Pflaster übel d'ran.

Daß da stürzten Mann und Rösser
In die Rinnen und die Gösser,
Daß es übel anzuseh'n,
Wenn sie wieder auferseh'n.

Auch versuchte man mit Kärren
Ueberzwerch die Straß' zu sperren,

Wie nach Zeitungenbericht
Dieses in Paris geschicht.

Schwäbische Kronik: . . . Um halb 10 Uhr hatten Se. Majestät der König sich selbst auf den Schauplatz der Unordnungen verfügt, nicht achtend der Gefahren, die um so eher drohen konnten, als die durch Zertrümmerung vieler Straßenlaternen an manchen Stellen herrschende Dunkelheit Ihn nicht erkennen lassen konnte . . .

Bei des Aufstands ernstern Mienen
Ist der König auch erschienen;
Aber dieser Wilden Hohn
Kennt kein Ansehn der Person.

Wie der Leu in wildem Laufen
Sich stürzt in der Jäger Haufen,
Würgend, mordend, wer es sei –
Traf auch ihn das Wuthgeschrei.

Schwäbische Kronik: . . . Bei der Nesenbachbrücke in der Markt-straße, auf dem Leonhardsplaze und in dessen Seitengassen fanden noch die lezten Anstrengungen derselben statt; an ersterem Punkte sah sich ein Zug Infanterie genöthigt, zu Überwältigung eines in großer Nähe des Königs herandrängenden Haufens Feuer zu geben . . .

Die Staketen an dem Nesen
Sind zum D'reinhau'n wie erlesen,
Und sie wurden abgeleert,
Und gen die Armee gekehrt.

Wüthend, tobend, johlend, pfeifend,
Schnell von Gass' zu Gasse schweifend,
Stellt der Plebs zum letzten Strauß
Auf sich bei Herrn Haidle's Haus.

Anjetzt schien die Zeit gekommen,
Da man Nachsicht g'nug genommen,
Und es macht der Commandant
Ordere zum Feu'r bekannt.

Dreimal tönte Trommelrühren,
Eh' sie Feuer kommandiren,
Dreimal trifft es taubes Ohr.
Hülle, Muse! dich in Flor.

*Schwäbische Kronik: ... Die Haltung der Truppen war durchweg
eine musterhafte, und es ist ebenso sehr ihre Mäßigung, als ihre
entschiedene Festigkeit zu rühmen, durch welche allein jede Hoffnung auf ein Gelingen ähnlicher verbrecherischen Versuche in ihrer
Geburt erstickt und den ruhigen Bewohnern der Stadt Sicherheit in
Person und des Eigenthums verbürgt werden kann ... Von den
Tumultuanten blieb ein Todter, Einige wurden durch Lanzenstiche
und Säbelhiebe verwundet ...*

Denke dir den Schustersg'sellen,
Der jetzt stürzt an jener Stellen,
Da man noch am andern Tag
Eine Blutlach schauen mag.

Denke dir die Kugelflecken,
Die an Haidles Hause stecken,
Wenn nun die gefahren auch,
Wären in des Pöbels Bauch!

O ich muß mein Liedlein enden,
Denn wenn so die' Blatt sich wenden,
Daß man schreibt mit Menschenblut,
Reimt sich kein Gedichte gut.

Die Behörden haben den Krawall vom 3. Mai 1847 nicht auf die leichte Schulter genommen; es war ja noch lange nicht entschieden, ob die Unruhen in Deutschland ausgehen würden wie's Hornberger Schießen oder wie die Julirevolution von Paris.

Also versuchte man einerseits, die schlimmsten Auswüchse der Getreide-Spekulation zu beschneiden: Der Stuttgarter Stadtrat trat hastig in Sachen Getreide zusammen, auf den Märkten machten Amtspersonen Preiskontrollen, durchaus im Interesse der Käufer, in Ulm bot der Stadtrat den Frucht-Käufern zum »Gnadenpreis« sogar Ratenzahlung an usw.

Andererseits präsentierte sich der starke Staat. Die Truppen wurden in Alarmbereitschaft gesetzt und zeigten sich überall im Stadtbild; eine Verordnung verbot Ansammlungen von 10 und mehr Menschen auf Straßen und Plätzen; Polizeistunde in den Kneipen war 10 Uhr abends; Kinder, Lehrlinge, Gesellen und Dienstboten durften nach 8 Uhr abends nicht mehr vor die Haustür gehen; Handwerksburschen durften nicht mehr von der Arbeit wegbleiben, bei Androhung der Ausweisung; die »Gebrüder Mäntlersche Buchdruckerei« annoncierte in der Zeitung für einen halben Kreuzer eine »Königliche Verordnung, betreffend das Verbot von Vereinen mit kommunistischer Tendenz. In Oktavformat, in die Wanderbücher (der Wanderburschen) einzukleben«.

Insgesamt 94 Personen waren während und nach dem Krawall festgenommen worden, gegen 13 lief dann ein Prozeß. Ihre Berufe: 3 Schneidergesellen, je 1 Buchdrucker, Steinhauer, Seidenweber, Fuhrknecht, Händler, Handlanger, Dienstknecht, Musiker und eine Wäscherin.

Drei Beispiele:

Der Dienstknecht Christian *Stark* aus Bonfeld bei Heilbronn habe die Militärs beleidigt mit der ganz richtigen und geschickten Bemerkung: »Ihr Lausbuben, ihr habt ja selbst nichts zu fressen!« Strafverschärfend kam hinzu, daß er diesen Ausruf in nüchternem Zustand gemacht hatte . . .

Der Fuhrknecht Adam *Fuchs* aus Kaltental (vorbestraft wegen »Ungehorsam und Straßen Excessen«) hat auch beleidigt: er sei in einem der kleinen Gäßchen gestanden, wo die Reiter nicht manövrieren konnten; ein Soldat habe mit gezogenem Säbel in die Gassen hineingedroht: »Du Herrgottsakrament, ich hau dir den Schädel auseinander!« und der Fuhrknecht im blauen Kärhemd, unbewaffnet, habe zurückgeschrien: »Du Lump! Komm nur da herein! Ich dreh dir den Kragen herum!« und »Komm nur herein ins Gäßle, da kommst du nicht herum, oder es geht dir schlecht!«; und einen Unteroffizier habe er beschimpft: »Und du machst auch, daß du fortkommst, oder ich putz dich herunter mit deinem Fräckle!«

Auszug aus dem Urteil gegen die Wäscherin Beate *Calwer* aus Stuttgart:

»Als die Reiterei die Straßen säuberte, haben sich viele Leute auch in die Wagnerstraße hineingeflüchtet, in welcher die Angeschuldigte wohnt, und seien von Reitern verfolgt worden. Hierbei sei es nun zweimal vorgekommen, daß die Angeschuldigte, wenn ein Reiter an ihrem Haus vorbeigeritten sei, mit einem Lattenstücke in der Hand aus dem Haus herausgestürzt und dem Reiter nachgelaufen sei und geschrieen habe: ›Halb-Batzen-Reiter!‹ indem sie auch gerufen habe: ›Heute wollen sie ihr Mütchen kühlen!‹. Auch habe die Calwer überhaupt einen großen Lärmen gemacht, indem sie in der Straße hin- und hergelaufen sei und dem am anderen Ende stehenden Volkshaufen zugerufen habe: sie seien keine Kerle, sie seien Hosen . . .«

[Halb-Batzen-Reiter heißt wohl: für ein paar Pfennige laßt ihr euch kaufen.]

Noch zwei Nachträge statt Fußnoten:

Barrikade: Die Barrikade war ein Revolutions-Mythos in der ersten Hälfte des 19. Jahrhunderts, Marke Paris. In den alten, dichtbevölkerten Vierteln des damaligen Paris hatten die Aufständischen die engen Straßen mit Brustwehren gesperrt und mit Gewehren verteidigt. Die Soldaten, grad die berittenen Dragoner, hatten alle Nachteile auf ihrer Seite, wenn sie angriffen; die Barrikadenkämpfer andererseits hatten im »Pöbel«-Viertel den Rücken frei, bekamen dort Nachschub, Quartier, konnten die Verwundeten pflegen lassen usw., während die Soldaten durchaus im Feindesland waren. Nach diesem Muster funktionierte ja auch offenbar der Rückzug ins Gäßle bei der Stuttgarter Revolte. Napoleon III. und sein Architekt Haussmann haben dem Barrikadenkampf die Grundlage entzogen: Sie haben die alten Viertel wegsaniert, gewaltige Breschen kreuz und quer durch die Stadt geschlagen, damit das Militär leichter gegen das eigene Volk marschieren konnte, und die Kontrolle der gefährlichen Viertel bürokratisch verbessert.

Wucherer: der schwäbische Dichter sagt auch »Kipperer«, was ursprünglich meint: der kippt die Waage, so daß sie zu seinen

Gunsten fälscht. Im übertragenen Sinn wird die Bezeichnung allgemein für Spekulanten gebraucht, die sich an der Zwangslage der Hungernden bereichern. Die Revolten der 40er Jahre haben sich zunächst immer gegen die unmittelbaren Bedränger gerichtet. Das Gericht hat völlig zu Recht den Stuttgarter Beckensturm als »Aufruhr gegen den Bäcker Mayer« verhandelt. Daß während des Tumultes Rufe zu hören waren wie »Es lebe die Republik!« oder »Es lebe die Freiheit!«, sagt noch nicht viel aus über die Massen-Stimmung. Erst wenn sich der Staat einmischt, gerät er ins Visier. Erst wenn die Ordnungshüter die Ordnung des Wuchers verteidigen, kriegen sie auch Steine ab. Die Front verläuft also in den Städten zunächst zwischen Konsumenten und Handels- und Finanzkapital.

Auf dem Land verläuft die entsprechende Front zwischen Produzenten (Bauern) und Wucherern. Die letzteren aber waren in vielen Fällen Juden, so daß die Benennung »der Jud« schon einer Berufsbezeichnung gleichkam. (Der Grund: Geldverleih war traditionell einer der wenigen Berufe, bei denen für Juden kein Berufsverbot galt.) In vielen Fällen entwickelten sich die Agrarunruhen der Jahre '47 und '48 zu Judenpogromen. Jahrhundertealte christliche Indoktrination und geschickte Verhetzung interessierter Kreise, vor allem der Jesuiten, hinderten den Bauern daran, im Wucherer den Finanzkapitalisten zu sehen. So schlug er auf den »Israeliten« ein, auf den Andersgläubigen mit der krummen Nase, während sich die (arischen oder nichtarischen) Großbankiers zufrieden über ihre Bilanzen beugten.

Trotz dieser Blindheit haben die Bauern ihre mächtigsten Feinde nicht ausgelassen. Friedrich Lautenschläger beschreibt die Bauernrevolution im Odenwaldstädtchen Adelsheim nach den Akten des Karlsruher Archivs.

In der Nacht vom 7./8. März wurde der Schloßhof der Freiherrn von Adelsheim der Schauplatz einer wütenden Bauernmenge. Der in die dunkle Märznacht hineinleuchtende Schein eines riesigen Feuers, das man aus Büchern und Akten der Grundherrschaft angemacht hatte, beleuchtete eine tobende und lärmende Menge von Bauern, die aus der Nachbarschaft herbeigekommen waren. Frauen, Mädchen und Kinder jubelten dem Beginnen zu. Aus dem oberen Stockwerk des einen Flügels des Schlosses schleppten zerstörungswütende Bauernfäuste Bücher und Papiere, die ihre Leistungspflicht an die Herrschaft enthielten, Rechnungen und Schuldscheine herbei und warfen sie in das lodernde Feuer, als ginge mit ihrer Vernichtung auch das ganze Abhängigkeitsverhältnis zum Adel in Rauch und Asche auf. Die besser gesinnten Bürger, die das Unsinnige des Beginnens einsahen, waren dazu verurteilt, in nutzlosem Unwillen die stummen Zuschauer des Raubens und Plünderns zu spielen. Der Amtmann erschien mit der Gendarmerie. Er war machtlos. Weder Zurede noch Warnen half.

Die versuchte Verhaftung der Hauptübeltäter hätte den Haß und die Wut aufs äußerste getrieben. Sie mußte unterbleiben, der Amtmann sich damit begnügen, zu verhindern, daß nicht das ganze Schloß in Flammen aufging. Man schrie nach dem Baron, nach dem verhaßten Rentbeamten Zorn. Der war glücklicherweise nicht am Platze, er wäre offenbar das Opfer der wütenden Menge geworden. Freiherr Richard von Adelsheim aber, der allein im Schlosse anwesend war, machte sich, während die Menge um das Feuer tobte und der Freiheit zujubelte, heimlich und unbemerkt davon. Der inzwischen herbeigekommene Rentbeamte eines andern Adelsheimschen Rentamts überreichte der Menge endlich im Namen seiner Herrschaft die folgende Verzichtsurkunde: »1. die Grundherrschaft wolle zu den Gemeindebedürfnissen gleich anderen Bürgern mit ihrem Steuerkapital beitragen; 2. verzichte sie auf das Marktstandgeld jeder Art, sowohl bei Krämer- als Viehmärkten; 3. auf die Bürgerannahmetaxen; 4. die Jagden und Fischereien sollten verpachtet werden und das Pachtgeld in die Gemeindekassen fließen; 5. verzichte sie auf das Präsentationsrecht bei den Bürgermeisterwahlen; 6. hebe sie die Abzugssteuer von den Auswanderern auf; 7. leiste sie Verzicht auf alle sogenannten alten Abgaben jeder Art.« Noch war man nicht ganz befriedigt. Die Sennfelder Bauern verlangten vom Amtmann die sofortige Absetzung des von der Adelsheimer Grundherrschaft ernannten Bürgermeisters. Der Amtmann mußte willfahren und bestellte einen anderen Bürger zum einstweiligen Vertreter. Erst allmählich leerte sich dann endlich der Schloßhof. Mitternacht war lange vorüber, als der Herrschaftssitz derer von Adelsheim wieder ruhig und still dalag mit den Spuren der Zerstörung durch sinnlos wütende Bauern.

Von nun an werden wir die Situation auf dem Lande ausblenden aus unseren Überlegungen. Das hat zwei Gründe:
1. haben die adeligen Herrschaften den gefährlichen Bauern ziemlich schnell ziemlich viele Zugeständnisse gemacht (die eh überfällig waren). Das hat die Bauern friedfertig gestimmt.

2. haben die metropolitanen Herren Volksmänner und Revolutions-Chefs die ländliche Bevölkerung niemals ernst genommen. Im Gegenteil, sie hatten eher Angst. Am 5. März erklärte Hecker die Bauern betreffend auf einer Volksversammlung in Heidelberg: »Nachdem der losgelassene Hund die Kraft seiner Zähne gezeigt hat, sollte man ihn vorläufig wieder an die Kette legen.«

Warum also sollten die Bauern irgendein Interesse haben, dem Herrn Hecker zu helfen? »Kusch!« hat er doch gesagt!

Arbeit

Der kapitalistische Fortschritt schlug das Handwerk zum ersten Mal und gleich vernichtend in der Textilbranche. Die Opfer waren die Weberfamilien. Die Kriegsgewinnler waren die Textilfabrikanten. Gesiegt hat das Fabriksystem.

1. Wien, 1792.

In der für Wien bedeutenden Seidenindustrie gibt es Krach, weil die (übrigens meist ungelernten) Fabrikanten die Lohnansprüche der Zeugmacher-Gesellen unterlaufen. Sie schaffen Billigst-Lohngruppen, nämlich Frauen (»Menscher«) und Kinder – als Lehrlinge deklariert – (»ihrer Jungen Schaar«). Diese Lehrlinge haben nach 7 Jahren Lehre keine Chance, einen angemessenen Job zu finden. Sie erhöhen bloß die Zahl der arbeitslosen Gesellen. Viele Zeugmachergesellen in Wien haben – im Gegensatz zu den meisten anderen Zünften – Familie. So trifft die Arbeitslosigkeit und die Not einige hundert Menschen. Es gibt Proteste und »Auflauf«. Der Wiener Hof unterstützt die Fabrikanten. Und die Frauen und Kinder zwingt die Armut zu Hungerlöhnen auf die Webstühle.

Der Bänkeldichter Johann David Hanner, Kirchendiener im Neulerchenfeld (wo viele Dünntuch- und Zeugmacher wohnen) verfaßt ein Protestlied, und der Buchdrucker und Kupferstecher Johann Christof Winkler druckt es ohne Zensur und läßt es verkaufen. Beide werden bestraft, obwohl der Dichter sich mit der traditionellen Geste »si le roi le savait« abgesichert hatte (was bei unseren Eltern hieß: Wenn der Führer das wüßte!), die Kratzfüße vor den Kaisern Josef und Franz haben nichts genützt. Staatliche Reaktion auf die Zusammenrottungen: Auswärtige Gesellen werden abgeschoben. Wiener Gesellen landen zum Teil beim Militär, zum Teil im Arrest, zum Teil bei Schanzarbeiten. Das ist der Arbeitsdienst von 1792.

KLAGLIED DER ZEUGMACHERGESELLEN IN WIEN, WELCHE DERMAL OHNE ARBEIT SIND

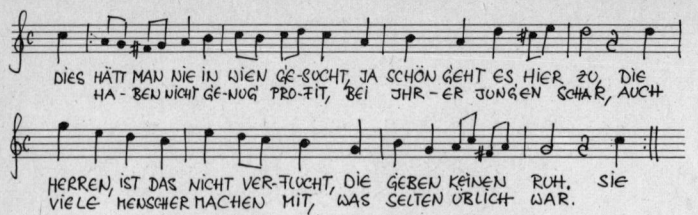

1. Dies hätt' man nie in Wien gesucht
Ja, schön geht es hier zu,
Die Herren, ist das nicht verflucht,
Die geben keinen Ruh.
Sie haben nicht genug Profit,
Bey ihrer Jungen Schaar,
Auch viele Menscher machen mit,
Was selten üblich war.

2. Geht man in manche Werkstatt hin
Auf Stühlen sitzen hier,
Ja, ja, so wahr ich ehrlich bin;
Man sieht es spätt und früh –
Wenn höchstens drey Gesellen dort,
Sind zehen Menscher da –
Man siehts gewiß in keinem Ort,
Was man in Wien jetzt sah.

3. Wir gehen leider hundertweis
Spatziren schon herum;
So führet man uns auf das Eis,
Dies bringt euch wenig Ruhm,
Euch Herren! die ihr uns gelehrt,
Und jetzt zieht Menscher vor,
Dies ist ja wirklich unerhört,
Beym Seidenzeuch Trador.

4. Wir denken öfters noch zurück,
Wie ihr uns habt traktirt –
Doch dieses ist vorbey zum Glück,
Jetzt sind wir angeschmirt. –

Kaum ist die harte Zeit vorbey,
So kann ein jeder gehn,
Weil uns verdrängt die Menscherrey,
Ihr Meister, ist das schön?

5. Man weiß doch, wie die Zeiten sind,
Fast alles klaget sich;
Und viele haben Weib und Kind,
Wer nähret sie und mich?
Da wird der Mensch oft desperat,
Ihm fehlet die Geduld. –
Sagt, wer die meiste Ursach hat?
Ihr Herren habt die Schuld.

6. Ach! wüßte dies die Obrigkeit
Die stäts für Ordnung wacht,
Wie man uns kränkt bey dieser Zeit.
Was Joseph nie gedacht.
Zu früh starb leider dieser Herr,
Er hat es gut gemeint,
Im Grab gebührt ihm noch die Ehr',
Er war ein Menschenfreund.

7. Doch Franz hört auch die seinen an.
Ihm gielt ein jeder gleich;
Der Fürst als wie der Bürgersmann,
Er schätzet arm und reich.
Zu diesem ruffen wir empor,
Weil man uns also drückt
Und neuget er sein Vatersohr,
So sind wir schon beglückt. –

Text: Johann David Hanner, 1792.
Melodie: »Im Tone: Ein artiges Bauernmädchen kam«, anonym. Wir
          drucken die Melodie nach einer Version »Ein art'ges Gärtner-
          mädchen kam«; eine der unzähligen Geschichten, in denen ein
          Adliger ein Mädchen aus dem Volk betrügt und entehrt.

[Zeugmacher: Seidenweber / Jungen: Lehrlinge / Menscher: Frauen, hier:
Arbeiterinnen / Spatziren: häufig gebrauchte Wendung für: arbeitslos sein /
die ihr uns gelehrt: in der Lehre ausgebildet / Trador: Gewerbe, Handel /
Joseph: Joseph II., 1741–1790, deutscher Kaiser von 1765 bis 1790 / Franz:

Franz II., 1768–1835, deutscher Kaiser von 1792 bis 1804, österreichischer Kaiser von 1804 bis 1835]

Wir sehen, die Fabrikgesellschaft hat schon erste Erfolge. Sie spielt arbeitslose Gesellen gegen unterbezahlte Fabrik-Arbeiterinnen aus. Noch 1848 sang der Zeugmacher Peter Maiß:

> O Herrn! Die Frauenzimmer
> Schafft ab aus Eurem Zimmer,
> Die Ihr Fabriken nennt.
> Was? sollen die Gesellen
> Vielleicht am End noch stehlen?
> Wenn Ihr's nicht selbst erkennt!

2. Nottingham, 1809/10 ff.

»Maschinenstürmer« war und ist ein Schimpfwort. Die englischen Luddisten waren Maschinenstürmer, Strumpfwirker aus der Gegend um Nottingham, die sich weigerten, die Kosten für den technischen Fortschritt zu zahlen. Als die Fabrikanten nämlich neue Maschinen aufstellten und schlechtere Löhne zahlten, weil an diesen Maschinen auch ungelernte Arbeiter hantieren konnten, forderten die Luddisten zunächst fairen Lohn. Wenn sie den nicht bekamen, schlugen sie die Maschinen kaputt. Die Maschinen der Fabrikanten, die sich verhandlungsbereit gezeigt hatten, blieben unangetastet, selbst wenn sie in derselben Fabrikhalle standen! Uns ist unerfindlich, warum diese Art der sozialen Verteidigung derart diffamiert worden ist.

Eine Worterklärung zum Lied:

»Weite Rahmen« wurden zur Fertigung von Trikot-Hosen benutzt. Diese Hosen kauften die Franzosen, solang sie das durften, d. h. bis zu Napoleons Kontinental-Sperre (1806). Danach ließen die Fabrikanten ungelernte Arbeiter auf diesen Rahmen Stücke fertigen, die zu Strümpfen zugeschnitten und schlecht und recht zusammengenäht wurden. Das ergab billige Strümpfe, die nichts taugten, aber den Strumpfwirkern den Markt versauten.

56

1. No more chant your old rhymes about bold Robin Hood
   His feats I do little admire.
   I'll sing the achievements of General Ludd,
   Now the hero of Nottinghamshire.
   Brave Ludd was to measures of violence unused
   Till his sufferings became so severe,
   That at last to defend his own interests he roused,
   And for the great fight did prepare.

2. The guilty may fear but no vengeance he aims
   At the honest man's life or estate;
   His wrath is entirely confined to wide frames
   And to those that old prices abate.
   Those engines of mischief were sentenced to die
   By unanimous vote of the trade,
   And Ludd who can all opposition defy
   Was the grand executioner made.

3. And when in the work he destruction employs,
   Himself to no method confines;
   By fire and by water he gets them destroyed,
   For the elements aid his designs.
   Whether guarded by soldiers along the highway,
   Or closely secured in a room,
   He shivers them up by night and by day
   And nothing can soften their doom.

4. He may censure great Ludd's disrespect for the laws,
   Who ne'er for a moment reflects
   That foul imposition alone was the cause
   Which produced these unhappy effects.
   Let the haughty the humble no longer oppress,
   Then shall Ludd sheathe his conquering sword;
   His grievances instantly meet with redress,
   Then peace shall be quickly restored.

5. Let the wise and the great lend their aid and advice
   Nor e'er their assistance withdraw,
   Till full-fashioned work at the old-fashioned price
   Is established by custom and law.
   Then the trade when this arduous contest is o'er
   Shall raise in full splendour its head;
   And colting and cutting and squaring no more
   Shall deprive honest workmen of bread.

Text: Anonym von 1812, gekürzt.
Melodie: »Poor Jack« von Charles Didbin.

1. Singt nicht mehr eure alten Verse vom tapferen Robin Hood,
   für seine Taten habe ich nur wenig Bewunderung.
   Ich singe von dem, was General Ludd erreicht hat,
   der jetzt der Held von Nottinghamshire ist.
   Der brave Ludd war nicht daran gewöhnt, Gewalt anzuwenden,
   bis seine Leiden zu schwer wurden.
   Schließlich erhob er sich, um seine Interessen selbst zu verteidigen
   und bereitete sich auf einen harten Kampf vor.

2. Die Schuldigen sollen ihn fürchten, aber seine Rache zielt
   nicht auf Leben und Eigentum ehrlicher Menschen.
   Sein Zorn richtet sich allein auf die weiten Rahmen
   und auf die, die die alten Preise herabsetzen.
   Diese Elendsmaschinen sind zum Tod verurteilt worden
   durch den einstimmigen Beschluß der Zunft.
   Und Ludd, der alle Widerstände überwinden kann,
   wurde zum Vollstrecker bestimmt.

3. Und wenn er bei seiner Arbeit zur Zerstörung greift,
   beschränkt er sich auf keine bestimmte Methode.
   Mit Feuer und Wasser rückt er ihnen zu Leibe,
   denn die Elemente unterstützen seine Ziele.
   Ob sie von Soldaten über die Landstraßen begleitet werden
   oder sicher in einem Raum verwahrt sind,
   er spürt sie auf bei Tag und Nacht,
   und nichts kann ihren Untergang aufhalten.

4. Der mag den großen Ludd der Mißachtung der Gesetze beschul-
   digen,
   der niemals für einen Augenblick darüber nachdenkt,
   daß die ungerechten Zumutungen allein die Ursache
   dieser unerfreulichen Folgen waren.
   Laßt die Hochfahrenden nicht mehr die Bescheidenen unterdrücken,
   dann wird Ludd sein siegreiches Schwert wieder in die Scheide
   stecken.
   Wenn auf seine Beschwerden sofort mit Verbesserungen geant-
   wortet wird,
   ist der Frieden bald wiederhergestellt.

5. Laßt die Weisen und Großen ihren Rat und ihre Hilfe geben
   und nie ihre Unterstützung zurückziehen,
   bis ordentliche Arbeit zum althergebrachen Preis
   durch Gesetz und Gewohnheit wieder hergestellt ist.
   Dann wird die Zunft, wenn dieser harte Kampf vorüber ist,
   in altem Glanz wieder ihr Haupt erheben.
   Lohndrückerei und Stümperarbeit werden dann
   keinem ehrlichen Arbeiter mehr das Brot wegnehmen.

Übersetzung: Barbara James.

Die Luddisten haben zunächst (1809/10) Erfolg. Viele Fabrikanten
akzeptieren die Lohnforderungen, weil sie die nächtlichen Überfälle
fürchten. Einige wenige allerdings befestigen ihre Fabriken, organisieren einen Werkschutz aus Vorarbeitern und leihen sich von der
Regierung Militär aus. Als etwa 150 Luddisten eine solche Fabrik-
festung stürmen wollen (Rawfolds bei Huddersfield), werden sie
zurückgeschlagen. Zwei tödlich Verwundete fallen den Behörden in
die Hände, werden gefoltert (heißt es) und befragt bis zu ihrem Tod.
4000 Soldaten bleiben monatelang in der Umgebung stationiert, ein
Heer von Agenten versucht die Namen der Beteiligten am Sturm auf
die Rowlandsche Fabrik zu erfahren, aber die Bevölkerung hält
dicht. Trotzdem wird schließlich die Kraft der Bewegung gebro-
chen. Insgesamt sollen 12 000 Soldaten gegen die Luddisten eingesetzt worden sein, mehr als Wellington bei Waterloo gegen Napoleon ins Feld führte . . .

3. Lyon 1831/1834.

In der französischen Industriestadt revoltieren 1831 die Opfer der
Textil-Industrie, die Seidenweber (les canuts) aus dem Faubourg la
Croix-Rousse. Der Bürgerkönig Louis Philippe läßt diesen Lohn-
kampf von 20 000 Soldaten unter dem Marschall Soult niederschlagen. Im April 1834 dann verbünden sich die Seidenweber mit den
Republikanern. Nach 5 Tagen erbitterten Kampfes bricht auch
dieser Aufstand zusammen. Die Fahne der Aufständischen wird
wegen ihrer Inschrift in ganz Europa bekannt: Vivre travaillant ou
mourir combattant (arbeitend leben oder kämpfend sterben). Für
deutsche Zeitungen berichten unter anderen Ludwig Börne und
Jakob Venedey über die Kämpfe in Lyon.

LES CANUTS (DIE SEIDENWEBER)

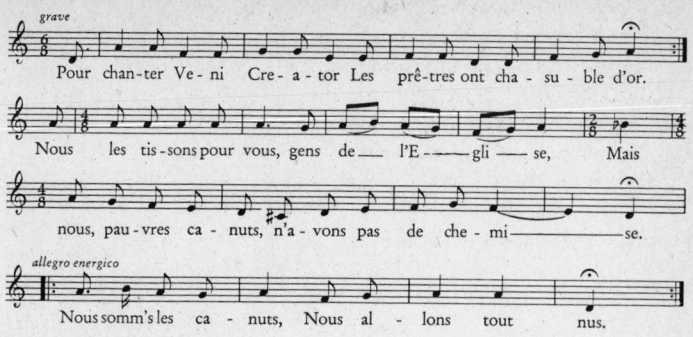

1. Pour chanter ›Veni Creator‹
   Les prêtres ont chasuble d'or,
   Pour chanter ›Veni Creator‹
   Les prêtres ont chasuble d'or,
   Nous les tissons pour vous, gens de l'Eglise,
   Mais nous, pauvres canuts, n'avons pas de chemise.
      Nous somm's les canuts,
      Nous allons tout nus!

2. Pour gouverner il faut avoir
   Manteau et ruban en sautoir, │ *bis*
   Nous les tissons pour vous, grands de la terre,
   Mais nous, pauvres canuts, sans drap on nous enterre …

3. Mais notre règne arrivera
   Quand votre règne finira: │ *bis*
   Nous tisserons le linceul du vieux monde,
   Car on entend déjà la révolte qui gronde.
      Nous somm's les canuts,
      Nous n'irons plus nus!

Text: Aristide Bruant (1851 bis 1925); Bruant sang das Lied zum ersten
         Mal bei der Industrieausstellung 1894 in Lyon, 60 Jahre nach
         dem Seidenweber-Aufstand.
Melodie: Aristide Bruant

1. Um zu singen »Veni Creator«
   Brauchen die Priester das goldene Meßgewand,

Wir weben sie für euch, ihr Kirchenmänner,
Aber wir, die armen Weber, wir haben kein Hemd.
  Wir sind die Weber,
  Wir gehen ganz nackt.

2. Zum Regieren braucht man
   Mantel und Ordensbänder,
   Wir weben sie für euch, ihr Großen der Welt,
   Aber wir, die armen Weber, uns begräbt man ohne Laken.
     Wir sind die Weber,
     Wir gehen ganz nackt.

3. Aber unser Reich kommt,
   Wenn euer Reich am Ende ist:
   Wir weben das Leichentuch der alten Welt,
   Denn man hört schon die Revolte dröhnen.
     Wir sind die Weber,
     Wir werden nicht mehr nackt gehen!

Übersetzung: Walter Moßmann

4. Schlesien, 1844.

Wir setzen voraus, daß der Aufstand der schlesischen Weber
bekannt ist, wollen aber nicht auf den Abdruck des wichtigsten
politischen Volksliedes jener Zeit verzichten.

DAS BLUTGERICHT

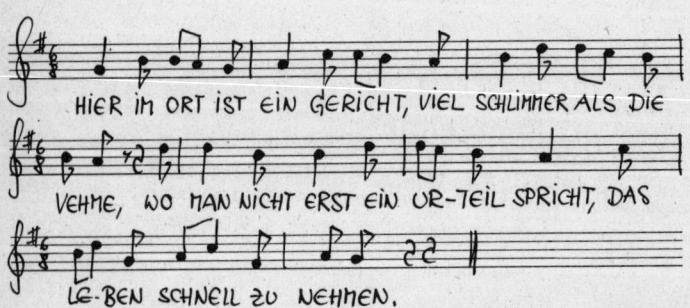

HIER IM ORT IST EIN GERICHT, VIEL SCHLIMMER ALS DIE
VEHME, WO MAN NICHT ERST EIN UR-TEIL SPRICHT, DAS
LE-BEN SCHNELL ZU NEHMEN.

1. Hier im Ort ist ein Gericht,
   Viel schlimmer als die Vehme,
   Wo man nicht erst ein Urtheil spricht,
   Das Leben schnell zu nehmen.

2. Hier wird der Mensch langsam gequält,
   Hier ist die Folterkammer,
   Hier werden Seufzer viel gezählt
   als Zeuge von dem Jammer.

3. Die Herren Zwanziger die Henker sind,
   Die Diener ihre Schergen,
   Davon ein jeder tapfer schindt,
   Anstatt was zu verbergen.

4. Ihr Schurken all, ihr Satansbrut,
   Ihr höllischen Dämone,
   Ihr freßt den Armen Hab und Gut,
   Und Fluch wird euch zum Lohne.

5. Ihr seyd die Quelle aller Noth,
   Die hier den Armen drücket,
   Ihr seyd's, die ihm das trockne Brot
   Noch vor dem Mund wegrücket.

6. Was kümmerts euch, ob arme Leut
   Kartoffeln satt könn'n essen,
   Wenn ihr nur könnt zu jeder Zeit
   Den besten Braten fressen.

7. Kömmt nun ein armer Weber an,
   Die Arbeit wird besehen,
   Findt sich der kleinste Fehler dran,
   So ist's um euch geschehen.

8. Erhält er dann den kargen Lohn,
   Wird ihm noch abgezogen,
   Zeigt ihm die Thür, und Spott und Hohn
   Kommt ihm noch nachgeflogen.

9. Hier hilft kein Bitten und kein Flehn,
   Umsonst ist alles Klagen,
   Gefällt's euch nicht, so könnt ihr gehn,
   Am Hungertuche nagen.

10. Nun denke man sich diese Noth
    Und Elend solcher Armen,
    Zu Hause oft kein Bissen Brodt,
    Ist das nicht zum Erbarmen?

11. Erbarmen, ha! ein schön Gefühl,
    Euch Kannibalen fremde,
    Und jedes kennt schon euer Ziel,
    Der Armen Haut und Hemde.

12. O, Euer Geld und euer Gut,
    Das wird dereinst vergehen
    wie Butter an der Sonne Gluth,
    Wie wird's dann um euch stehen.

13. Wenn ihr dereinst nach dieser Zeit,
    Nach diesem Freudenleben,
    Dort, dort in jener Ewigkeit
    Sollt Rechenschaft abgeben.

14. Doch ha, sie glauben keinen Gott,
    Noch weder Hölle, Himmel,
    Religion ist nur ihr Spott,
    Hält sich an's Weltgetümmel.

15. Ihr fangt stets an zu jeder Zeit
    Den Lohn herabzubringen,
    Und andre Schurken sind bereit,
    Dem Beispiel nachzuringen.

16. Der Reihe nach folgt Fellmann jetzt,
    Ganz frech ohn' alle Bande,
    Bei ihm ist auch herabgesetzt
    Das Lohn zur wahren Schande.

17. Die Gebrüder Hoferichter hier,
    Was soll ich von ihn'n sagen,
    Geschindet wird hier nach Willkühr,
    Dem Reichthum nachzujagen.

18. Und hat ja Einer noch den Muth,
    Die Wahrheit euch zu sagen,
    So kommt's soweit, es kostet Blut,
    Und den will man verklagen.

19. Herr Kamlot, Langer genannt,
    Der wird dabei nicht fehlen,
    Einem jeden ist es wohl bekannt:
    Viel Lohn mag er nicht zählen.

20. Von euch wird für ein Lumpengeld
    Die Waare hingeschmissen,
    Was euch dann zum Gewinne fehlt,
    wird Armen abgerissen.

21. Sind ja noch welche, die der Schmerz
    Der armen Leut beweget,
    In deren Busen noch ein Herz
    Voll mitgefühle schläget.

22. Die müssen, von der Zeit gedrängt
    Auch in das Gleis einlenken,
    Und Eurer Beispiel eingedenk
    Sich in den Lohn einschränken.

23. Ich frage: wem ists wohlbekannt,
    Wer sah vor zwanzig Jahren
    Den übermüthgen Fabrikant
    In Staats-Karossen fahren?

24. Sah man wohl dort zu jener Zeit
    Paläste hocherbauen
    Mit Thüren, Fenstern prächtig weit,
    fast fürstlich anzuschauen.

25. Wer traf wohl da Hauslehrer an
    Bei einem Fabrikanten,
    Mit Livreen Kutscher angethan,
    Domestiken, Gouvernanten?

Text: Anonym.
Melodie: »Es liegt ein Schloß in Österreich«, bearbeitet.

[Vehme: heimliches Gericht / Die Diener ihre Schergen: In anderen Fassungen heißt es auch: die Dierig / Dierig, Zwanziger, Fellmann, Hoferichter, Kamlot: Namen der Fabrikanten]

Im Jahre 1848 haben die schlesischen Weber noch einmal in einer Eingabe an die Frankfurter Nationalversammlung die Abschaffung der Spinnmaschinen gefordert. Es war ein »Hilferuf Ertrinkender«, kommentiert Veit Valentin in seiner Revolutionsgeschichte. Die Spinnmaschinen waren da, die Fabriken waren da, und die Arbeiterinnen waren da. Und keine Instanz hinderte die Fabrikbesitzer, Ausbeutung der menschlichen Arbeitskraft in einem Maße zu betreiben, das vorher unbekannt war.
Im Jahre 1851 erschien in Wien anonym eine Untersuchung über die »gefährlichen Klassen Wiens«. Verfasser ist Rudolph Fröhlich, der nach französischem Vorbild (Frégier, »Les classes dangereuses«, 1839) versucht, die sozialen Ursachen für die Massen-Kriminalität in Wien zu ergründen. Hier einige Auszüge aus seinem Werk, betreffend die Lage der Arbeiterinnen in den 40er Jahren.

Nicht selten benutzt die Mutter den Verdienst der Tochter, statt denselben theilweise zur Verbesserung ihres Anzuges und ihrer Existenzmittel zu verwenden . . .
In Anbetracht der Existenzmittel scheint es nicht weniger billig, daß die Arbeiterin, die sich ihren Unterhalt durch die Arbeit verdient, eben so wie ihre Gefährtin leben kann. Dies wollen jedoch viele Eltern nicht begreifen. Sie gebrauchen den Verdienst ihrer Töchter zur Unterhaltung ihrer Wirtschaft, und beschränken sich darauf, sie nur mit dem Allernothwendigsten zu versehen; sie rauben ihr dadurch die Lust zur Arbeit . . . Diese Entziehungen betrüben und demütigen sie, und endigen damit, sie die Wohnung ihrer Familie mit Widerwillen betrachten zu lassen . . .
Die Arbeiterinnen, welche in Fabriken, Spinnereien, im Taglohne arbeiten . . . sind gewöhnlich ohne alle Bildung, mit rohen, groben Manieren, ein großer Teil kann weder lesen noch schreiben, und ihre Sprache ist pöbelhaft . . . Der Verdienst einer großen Anzahl der Arbei-

terinnen beträgt nicht über 20 Kreuzer täglich, wie sollen sie da alle Notwendigkeiten des Lebens bestreiten? Und wie erst, wenn dieser Verdienst noch geringer ist, oder wenn er nicht immer sich findet? ...
Die Taglöhnerin erhält einen Lohn von 18 – 20 – 30 Kreuzer je nach ihrer Arbeitsfähigkeit ohne Kost. Sie fristet bei anstrengender Arbeit kaum ihr Leben, allein sie ist noch immer besser gestellt, als die Weißnäherin, die im Durchschnitt nicht mehr als 12 Kreuzer verdient ... ihre Arbeit erfordert im Winter Licht und eine geheizte Stube – woher soll sie das alles bestreiten?
Viele dieser Arbeiten sind nicht dauernd, sondern es tritt oft monatelang Arbeitslosigkeit ein. Jede nur einigermaßen besorgte Arbeiterin sucht daher mit ihrer gewöhnlichen Arbeitskenntnis noch einige andere zu verbinden, z. B. das Handschuhnähen ...
(Folgt Strohhutnähen, Kleidermachen, Putzarbeiten, Illuminieren von Kupferstichen, Verfertigen der Stöpsel für Jäger, Blumenmachen, Krawattennähen, Schuh- und Hüteeinfassen)
Dabei muß bemerkt werden, daß gerade die besser erzogenen Arbeiterinnen, wenn sie nicht bei ihren Eltern wohnen, schlimmer daran sind, als die minder gebildeten ... Sie wollen eine anständige Kleidung, eine erträgliche Wohnung ... Die gewöhnliche Arbeiterin oder Taglöhnerin geht im Winter allein in die nächste beste Schenke, wo sie ihr Brot beim warmen Ofen verzehren kann. Dies ist für die andere Arbeiterin nicht möglich, sie geniert sich.
Die Arbeiterin muß alle ihre Bedürfnisse, da sie kein Kapital besitzt, von dem Kleinverschleißer beziehen, sie lebt daher bedeutend teurer als der Wohlhabende, der von der ersten Hand kauft.
Lessing sagt irgendwo, man ist verdammt wenig, wenn man nichts weiter als ehrlich ist, ich aber sage, man ist verdammt viel, wenn man unter solchen Umständen ehrlich bleibt ...
(Folgt eine Beschreibung der verschiedenen Wege in die Kriminalität und Prostitution, in die Gebäranstalt und ins Findelhaus)
Die Gebäranstalt wird am meisten von den Taglöhnerinnen (Deichgraberinnen) in Anspruch genommen; die Böhminnen bilden die Mehrzahl. Die schwächlichsten Kinder sind jene der Zündhölzchenarbeiterinnen, sie sterben meistens bald nach der Geburt. Die ausschweifendsten Mädchen (Freudenmädchen) sind die seltensten Besucherinnen der Gebäranstalt und bevölkern daher wenig die Findelhäuser ...
Unter dieser Klasse von Arbeiterinnen (Taglöhnerinnen) ist die Trunkenheit nicht selten; sie machen weniger Gebrauch von Wein und Bier, als von Branntwein. Die verderbtesten von ihnen befinden

sich aber auch in einem Zustande der Entblößung, der ekelhaft ist.
Viele von ihnen haben keine Hemden und im Sommer schlafen sie im
Freien. Sind sie der Trunkenheit ganz verfallen, so werden sie nicht
selten halbnackt auf der Straße aufgegriffen und bringen ihre Tage
im Arbeits-, Zucht-, Kranken- oder Irrenhause zu.

Das »Fabrickslied« stammt wahrscheinlich aus dem Wien der 60er
oder 70er Jahre. Aber seit 1848 hat sich die Lage der Mädchen an der
Spule gewiß nicht verbessert.
Der Autor ist uns nicht näher bekannt. Und weil keine Originalme-
lodie vorlag, haben wir eine hinzugefügt.

Surr, surr, Fabrickslied aus dem Stück,
Das Mädchen von der Spule,
verfaßt von
Carl Elmar.
D. u. V. v. M. Moßbeck Wien Wieden Waaggaße 7.

FABRICKSLIED

1. Wie's Radel sich schwingt und wie's Spulerl sich dreht
   So dreht sich für Unserein'n 's Leb'n.
   Es fragt ein' kein Mensch, hast a Freud oder net
   Es heißt nur die Hand fleißig heb'n,
       Surr, surr, so geht's in ein fort nur,
       Surr, surr, lustig mein Kind!
   Ist auch das Kleid nicht dein,
   Muß doch fein g'sponnen sein –
   Surr surr surr . . .
   Spulerl fling, g'schwind, Spulerl fling, g'schwind!

2. Wann's Radel sich schwingt und wann's Spulerl sich dreht
   Da denkt man wohl oft in der Still:
   Es ist doch kurios, wie's auf Erden hier geht
   Da z'wenig, und dort wieder z'viel!
       Surr, surr, aber von Neid ka Spur,
       Surr, surr, lustig mein Kind
   Tragt auch ein' Andre 's Kleid
   Dir macht die Arbeit Freud' –
   Surr surr surr . . .
   Spulerl fling, g'schwind, Spulerl fling, g'schwind!

3. Wo's Radel sich schwingt, und wo's Spulerl sich dreht
   Da, weiß man, sein fleißige Leut
   Wann's fleißigen Leuten auch schlecht niemal geht
   's kommt wieder a bessere Zeit;

Surr, surr, halt's euch zusammen nur
Surr, surr, lustig mein Kind
Kommt einst die bess're Zeit
Spinnst für dich selbst ein Kleid –
Surr surr surr . . .
Spulerl fling, g'schwind, Spulerl fling, g'schwind!

4. Weil's Radel sich schwingt, und weil's Spulerl sich dreht
Drum geb ich euch Leuten die Lehr'
Verachtet ein'n Menschen ein'n fleißigen net
Vielleicht wird er noch euer Herr
Surr, surr, Gott schaut in d'Herzen nur
Surr, surr, lustig mein Kind
Gott find't die braven Leut'
Auch in der Niedrigkeit
Surr surr surr . . .
Spulerl fling g'schwind, Spulerl fling g'schwind!

Text: Carl Elmar, Wien zwischen 1865 und 1888.
Melodie: Walter Moßmann.

Ein schön heimtückisches Lied.

Zuerst die Fabriksituation: Die Arbeiterin hat zu funktionieren wie die Spinnmaschine, nämlich beständig und präzis. Ihre Gefühle sind nicht gefragt.

Dann über drei Strophen – ähnlich wie in »Les canuts« – dieses Motiv: Du produzierst etwas, was dir selber mangelt.

Zwischendurch, scheinbar leicht daher gesagt, ein Gedanke an die soziale Ungerechtigkeit (da zuwenig – dort zuviel) und eine leise Aufforderung zur Solidarität (Haltet euch zusammen).

Schließlich in der vierten Strophe das Glücksrad, oder vielmehr die religiös begründete Drohung »die letzten werden die ersten sein«, das Unterste kommt zuoberst . . .

Und über das ganze Lied gestreut die blöden Sprüche der bürgerlichen Arbeitsmoral: »Nur kein Neid!«, »Arbeit macht Freude!«, »wer fleißig ist, dem geht's nie schlecht«. Das sind die Sprüche, mit denen eine Textilarbeiterin von Kind auf trainiert werden soll, sich in ihr Schicksal zu schicken. Und darüber lacht das Lied. Nicht laut, aber bös.

Gesellen

270 Barrikadenkämpfer sind am 18. und 19. März 1848 in Berlin getötet worden. Davon waren 115 Handwerksgesellen, 29 Meister, 13 Lehrlinge und 52 »Arbeitsleute« und »Proletarier«.
Die sächsischen Gerichte haben 727 Menschen wegen Beteiligung an der Revolution 1849 zu Zuchthausstrafen verurteilt. 432 kamen aus der Handwerkerschaft.
In Konstanz wurde nach 120 Teilnehmern des Aprilaufstandes 1848 (Heckerzug) gefahndet. 60% waren Handwerker.

Drei Beispiele von vielen, und sie lassen durchaus Rückschlüsse auf das Phänomen zu, das in den Revolutionsbeschreibungen »das Volk« heißt. Die größte Gruppe in den aufständischen Massen der Jahre '48 und '49 waren die Handwerker. Allerdings darf man sich unter »Handwerkerschaft« nicht einen wohlsituierten Mittelstand vorstellen. Nicht die wohlhabenden Metzger- oder Bäckermeister standen hinter den Barrikaden, sondern vor allem die verarmten Schuhmacher oder Schneider oder Tischler. (Diese unterschiedliche Lage der Handwerke hat mehrere Gründe: 1. Nachfrage in der Krise. Essen muß jeder, auch wenn er barfuß und in Lumpen geht. 2. Startkapital. Seit Einführung der Gewerbefreiheit wählten die Kinder armer Leute eher ein Handwerk, das wenig Betriebskapital braucht. Folge: Überangebot auf dem Arbeitsmarkt. 3. Die Grundnahrungsmittel konnten, weil leicht verderblich, noch nicht importiert oder gelagert werden, sehr wohl aber Kleidung und Schuhe. Folge: Überangebot auf dem Warenmarkt, speziell in der Textilbranche.) Außerdem heißt auch »Meister« in diesen Jahren nicht viel. Oft handelt es sich um Kleinmeister ohne Gesellen, die nichts zu beißen hatten, bei denen der Gerichtsvollzieher ein und aus ging und die als Zulieferer auf Aufträge größerer Betriebe angewiesen waren. Der Übergang vom Handwerker zum Arbeiter ist schon längst fließend. Oft werden Fabrikarbeiter noch nach ihrem gelernten Beruf als Handwerker geführt. (Im Französischen wurden mit dem Wort »ouvrier« damals beide Gruppen benannt, ähnlich summarisch verfahren auch deutsche Autoren.)
Die Feudalherren sahen in diesem Volk den dummen Pöbel, der gefährlichen Verführern nachlief, ohne zu wissen, warum. Und die Optik der Professoren-, Advokaten- und Literaten-Mundwerker

der Paulskirche war kaum anders. Für sie war das Volk ein unmündiges Kind, dem man von oben herab sagen mußte, was seine Interessen zu sein hätten.

Dabei gab es in diesem Volk, gerade unter den Handwerksgesellen, politische Köpfe, die die gesellschaftlichen Probleme sehr viel genauer analysieren konnten als die gesamte Frankfurter Parlaments-Schickeria, von den gekrönten Hohlköpfen ganz zu schweigen.

Die Gesellen waren die Hefe der Vormärz-Gesellschaft.

1. Sie waren noch nicht gebunden an Haus und Hof, Betrieb, Familie, bürgerliche Reputation. Sie waren nicht eingesessen, sondern beweglich. Sie hatten keine triftigen Gründe, einen sozialen Aufstieg zu erwarten, in den Massenberufen konnte einer sein Leben lang Geselle bleiben.

2. Sie waren verpflichtet zur Wanderschaft, d. h. sie kamen herum in der Welt, wußten mehr als der Spießer, der »hinterm Ofen sitzt«. Sie konnten im Ausland die neuesten Ideen über die Menschheits-Zukunft kennenlernen, auch die zu Haus verbotenen, die radikalen. Und es ist durchaus ein Unterschied, ob ein Schulmeister in der Augsburger Allgemeinen über »französische Zustände« liest, oder ob ein Schneidergeselle in Paris einen Streik oder einen Barrikaden-kampf erlebt.

3. Die vielbesungene »Freiheit« war für Gesellen, die allein oder zu zweit ihren Wanderweg durch Europa suchten, eine unmittelbare Erfahrung. Gleichzeitig aber waren ihnen kollektive Bindungen (in der Bruderschaft, in der Gesellenherberge) selbstverständlich. Außerdem mußten sie ihre Bewegungsfreiheit täglich gegen die Behörden erkämpfen, die prinzipiell mißtrauisch ihr Wanderbuch beäugten und mit Ausweisung oder »Schub« (Abschiebung nach Hause) drohten, wenn die Burschen mal auffällig wurden.

4. gab es in ihren kollektiven Traditionen durchaus Kampferfahrungen aus sozialen Kämpfen, aufgehoben in Liedform, denn

5. waren die Handwerksburschen große Sänger.

Ein Beispiel aus Hamburg.

Das Lied vom Hamburger Gesellenaufstand stammt nicht aus dem Vormärz, sondern von 1750, aber es hat sich in der mündlichen Tradition der wandernden Handwerksgesellen fast 200 Jahre erhalten, so gut hat es den Burschen offenbar gefallen.

Es handelt sich um ein Streiklied der Hamburger Tischlergesellen.

Anlaß für die ganze Auseinandersetzung ist ein Streit zwischen Gesellen und Meistern um die Verfügungsgewalt über die gemeinsame Zunftkasse. Die Gesellen wollen 400 Taler für den Wiederaufbau der gerade ausgebrannten Michaelis-Kirche spenden, die Chefs der Zunft verweigern das. Und blitzschnell entwickelt sich daraus ein gewichtiger Arbeitskampf. Der Anlaß, die gute, fromme und also publikumswirksame Sache, scheint schnell vergessen, kommt im Lied auch gar nicht mehr vor. Es geht offenbar um etwas anderes, es geht um die Balance der Rechte. Denn die alte Sicherheit der patriarchalischen Familienstruktur im Handwerk hat schon einen Sprung, die Gesellen lösen sich ab aus dem Meisterhaushalt. Um so mehr sind sie gezwungen, sich untereinander zusammenzuschließen, wenn sie zu ihrem Recht kommen wollen.

Das Lied sagt, sie wollen die Meister »scheren«, zur Kasse bitten. Auf verabredeten Termin (»in vierzehn Tagen«) beginnt der Ausstand. Agitatoren verbreiten die Nachricht unter auswärtigen Zunftgenossen, verbunden mit der Aufforderung, Hamburg zu meiden, also den Streik nicht zu brechen. Die Streikenden halten sich sechs Wochen in Altona auf, im benachbarten Ausland. Nach ihrer Rückkehr läßt die Regierung die Tischler-Herberge von Militär und Bürgerwehr umstellen und die Stadt-Tore schließen. Nun aber springt der Funke über, und zwar über die traditionelle Zunftschranke: die Schornsteinfeger besteigen aus Solidarität mit den Tischlern die Dächer und drohen sie abzudecken.

Offenbar hat diese Drohung gewirkt, denn, sagt die Hamburger Stadtchronik, die Sache sei »gütlich ausgeglichen« worden. (Die Gesellen hatten Freilassung der Verhafteten gefordert sowie »Satisfaction« und Erstattung ihrer Unkosten, andernfalls wollten sie alle ihren Abschied plus Lohnnachzahlung.)

Das Lied ist immer ohne Melodie-Angabe gedruckt worden, es hatte also eine eigene, geläufige Melodie. Wir haben versucht, sie aus einer späteren, umgesungenen Dialektfassung, die mündlich überliefert ist, zu rekonstruieren.

Unschwer zu erraten, daß es sich um ein Sauflied fürs gemütliche Beisammensein in der Gesellenherberge handelt. »Um und um und abermal« fordert zum Umtrunk auf.

Lieder,

Das Erste.
Frisch auf mein liebes Mädchen.

Das Andere.
Willst du bald ein Doctor werden.

Das Dritte.
Ihr Gesellen halt euch gut zu Hamburg.

Das Vierte.
Einst verliebte sich ein Jüngling.

Das Fünfte.
Ungedult will mich ersticken.

Gedruckt in diesem Jahr.

IHR GESELLEN HALT EUCH GUT

JHR GESELLEN HALT EUCH GUT ZU HAMBURG DAS JUNGE BLUT

TUT DIE MEISTER SCHEREN. UM UND UM UND UM UM UND UM UND

ABERMAL TUT DIE MEISTER SCHEREN.

1. Ihr Gesellen halt euch gut
   zu Hamburg, das junge Blut,
   thut die Meister scheren,
   um und um, und abermal
   thut die Meister scheren.

2. Sagt in vierzehn Tagen auf,
   fahret fort mit schnellem Lauf,
   thut die Welt durchreisen . . .

3. Wenn ihr thut an andern Ort kommen,
   sagt die Meister haben genommen,
   Geld aus unserer Lade . . .

4. Gesellen giengen nach Altona raus,
   lebten da in Saus und Schmaus,
   auf der Meister Gelder . . .

5. Als sie da sechs Wochen gelegen,
   thäten sie des Geldes wegen,
   es doch einmal enden . . .

6. Gesellen kamen ran marschiert,
   auf die Herberge anspatzirt,
   thaten da brav saufen . . .

7. Thore wurden zugemacht,
   Trommel geschlagen, daß es kracht,
   Bürger schlugen Lermen . . .

8. Mehr als achtzehntausend Mann,
   kamen vor die Herberge an,
   Bürger und Soldaten . . .

9. Tischler gaben sich gefangen,
   kamen nach dem Rathaus gangen,
   fragen was sie sollten . . .

10. Unser Gesellen fiengens an,
    riefen Vivat überall
    es leben unser Brüder . . .

11. Schornsteinfeger kamen zu hauf,
    fuhren auf die Dächer hinauf
    wollten schon abwerfen . . .

12. Schornsteinfeger fuhren fort,
    Tischlers saget nur ein Wort,
    so wollen wir abwerfen . . .

13. Nun ihr Herren gebt uns recht
    sonst wird es mit Hamburg schlecht
    dieses Jahr ergehen . . .

14. Nun ihr Meister ihr Großprahler,
    zahlet erst sechstausend Thaler,
    erst vor eure Gesellen . . .

15. Alle die da widersprechen,
    wollen wir den Hals zerbrechen,
    ja! sie müssen weichen . . .

16. Nun das Liedlein, das ist aus,
    Meister muß sein Hab und Haus,
    all sein Guth verkaufen
    um und um, und abermal,
    und zum Thor rauslaufen.

Text u. Melodie: Anonym. Um 1750.

Drei Jahre nach dem Coup der Tischler und der Schornsteinfeger erließ der Rat der Stadt ein neues Reglement, nachdem die Polizei sofort gegen Rädelsführer eines Gesellenstreiks vorgehen konnte. Offenbar war ein solches Reglement früher nicht nötig gewesen. In der Folgezeit wurde es allerdings um so mehr gebraucht.

Denn in den 90er Jahren, also zur Zeit der Französischen Revolution, geht es rund in Hamburg: 1791 z. B. weitet sich ein Streik der Schlossergesellen so sehr aus, daß schließlich Bäcker, Schlachter, Küper, Schuster und Schmiede beteiligt sind, ja sogar unzünftige Massen (was einem Teil der zünftigen Gesellen offenbar nicht recht ist) greifen ein, nämlich die Schiffsleute »mit Stöcken und hölzernen Waffen«. Der Aufruhr wird allgemein. Das Militär besetzt die Gesellenherbergen, die Schuhmacher und die Schneider leisten Widerstand: drei Tote.

Resultat: Rädelsführer werden ausgewiesen, bekommen aber ihr Gepäck und 100 Taler Reisegeld mit auf den Weg. (Besonders stark scheint sich die Regierung nicht gefühlt zu haben.)

Im selben Jahr folgt noch ein Lohnstreik der Schneidergesellen (ebenso wie in den Jahren 1792, '94 und '95). Die Zimmergesellen und ihre Kollegen vom Bau, die Maurer, streiken 1793. Im Jahr 1795 sind es dann die Schuhmacher, die Maurer und die Fastbäcker sowie die nichtzünftigen Schiffbauertaglöhner und die Reepschläger-Arbeitsleute.

Danach werden die »Vorschriften zur Verhütung und Unterdrükkung von Handwerkerunruhen« dahingehend verschärft, daß »die Verbindung von Gesellen verschiedener Zünfte mit besonders strenger Strafe zu belegen sei«. Offenbar lösten sich zur Zeit der Französischen Revolution die traditionellen Schranken des Corpsgeistes zwischen den Zünften, die Regierungskunst des »Teile und herrsche!« wurde schwieriger.

Wahrscheinlich von 1793 stammt das »Lied für die Maurergesellen in Hamburg«, zu singen auf eine damals gerade aktuelle Melodie, nämlich die des mehr lebensphilosophischen Schlagers »Die Poststationen des Lebens« von 1791.

LIED FÜR DIE MAURERGESELLEN IN HAMBURG

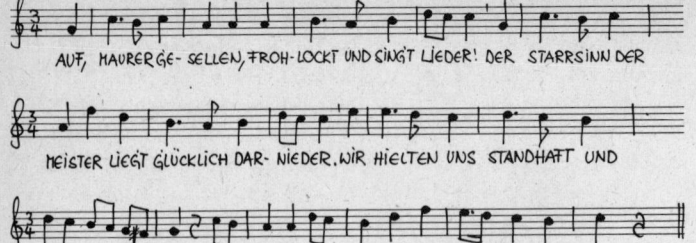

AUF, MAURER GE- SELLEN, FROH- LOCKT UND SINGT LIEDER! DER STARRSINN DER

MEISTER LIEGT GLÜCKLICH DAR- NIEDER. WIR HIELTEN UNS STANDHAFT UND

HA- BEN GE- SIEGT; ES HABEN DIE MEISTER UM- SONST UNS BE- KRIEGT.

1. Auf, Maurergesellen, frohlockt und singt Lieder!
   der Starrsinn der Meister liegt glücklich darnieder.
   Wir hielten uns standhaft, und haben gesiegt;
   es haben die Meister umsonst uns bekriegt.

2. Da waren drei hämische Krauter von Meistern,
   die machten, geblasbalgt von höllischen Geistern,
   in einer verteufelten Bittschrift beum Rath
   so schwarz uns, als wär'n wir Verräter vom Staat.

3. Sie legten aus Neid und aus Geldgeiz uns Mienen,
   um das uns zu schmälern, was wir doch verdienen.
   Sie dachten: »Gesellen, sauft Wasser, freßt Kohl,
   bey Braten und Rheinwein thun Meister sich wohl!«

4. Sie suchten die Bauherrn und uns brav zu schnellen,
   um dick sich zu mästen vom Schweiß der Gesellen;
   um ihren verwetterten Hochmuth geschwind
   noch höher zu treiben mit Weib und mit Kind.

5. Die bessern und braveren Meister, die billig
   befanden, das was wir begehrten, auch willig
   es geben uns wollten, die wurden forcirt,
   daß sie diesen Krautern mit accompagnirt.

6. Weil wir nun auf unserer Forderung bestanden,
   und sämtlich uns auf unsrer Herberg befanden,
   so sperrte man, sicher gnug vor uns zu seyn,
   mit doppelter Wach, wie Vögel uns ein.

7. Man führte gar endlich uns led'ge Gesellen
   mit Wache zum Dammthor naus, gleich den Rebellen
   und dachte: »Die Weiberkerls geben sich schon;
   der Winserbaum lehrt sie die Taxe vom Lohn.«

8. Allein Ihr betrogt Euch, hochbrüstige Krauter!
   die Stimme des Rechts und der Wahrheit rief lauter,
   als Euer Gequick und Gekreisch es nicht kann;
   die Schlösser und Zimmerleut nahmen sichs an.

9. Sie legten sogleich ihre Arbeit darnieder,
   und riefen: »Wir arbeiten eher nicht wieder,
   bis man den braven Gesellen gewährt,
   was selbige billig vom Meister begehrt.«

10. »Denn Kleidung, Beköstigung und Wohnung und Feuer
    sind doppelt, ja dreifach als sonsten so theuer;
    es nehmen die Meister ja selber jetzt mehr.
    Zudem gibt der Bauherr auch gerne es her.«

11. Wohlan denn, Ihr Maurer, Gesellen, singt Lieder!
    man that unsern Willen; man rief uns bald wieder;
    weil ohne Gesellen die Meister nichts sind;
    sie müßten ja betteln mit Weib und mit Kind.

12. Wir können noch eh'r ohne Meister uns nähren,
    allein, weil wir Ordnung und Sitten verehren,
    so thun wir auch willig, was Brauch ist und Pflicht;
    doch – hudeln – das lassen wir wahrlich uns nicht.

13. Was hilft nun den Krautern ihr Dickthun, ihr Pralen?
    Sie müssen sich schämen, die Kosten bezahlen,
    und werden dazu noch vom Volke verlacht,
    daß sie sich aus Geldgeiz selbst schimpflich gemacht.

14. Wir wollen sie aber aus Größmuth bedauren,
    und ferner, wie vorher, recht fleißiglich mauren,
    uns halten, wies braven Gesellen geziemt;
    so wird von uns überall Gutes gerühmt.

15. Damit nun auch künftig der Muth uns nicht sinket,
    so füllet die Gläser bis oben, und trinket:
    lebt Schlosser- lebt Zimmer- lebt Maurergeselln!
    zum Teufel, wer Krauter ist, und uns will prell'n!

16. Hoch lebe der mächtige Römische Kaiser!
    Hoch lebe ein hiesiger Edler und Weiser,
    von jedem Vernünftgen geehrter, Senat!
    Hoch lebe, stets blühe der Hamburger Staat!

17. Wer Handwerksgesell ist in Städten und Städtchen
    soll leben! – Nun Brüder, schließt auch unsre Mädchen
    in unsre Gesundheit recht mauervest ein! –
    Hoch leben die Maurer! Drauf trinkt ein Glas Wein!

Text: Anonym. Um 1793.
Melodie: »Die Poststationen des Lebens«, 1791. Nach einem Text von
          1788.

[Krauter: Spitzname für geizige Handwerksmeister / schnellen: jemanden
betrügen, übervorteilen, überteuern / Winserbaum: Vielleicht ist damit der
Schlagbaum vor dem Stadttor gemeint. / hudeln: scheren, ausnutzen]

In der Restauration nach dem Wiener Kongreß verloren immer
mehr Handwerker den goldenen Boden unter den Füßen, und der
Freiheitsdurst war auch nicht zu löschen in Deutschland. Kein
Wunder, daß immer mehr Handwerksgesellen seit der Julirevolution nach Paris strömten. 1831 zählt Grandjonc dort 6700 Deutsche,
1836 schon 15 500 und drei Jahre später sind es 23 200. (Andere
Schätzungen liegen darüber.) Und zum größten Teil sind es deutsche Handwerksgesellen, vor allem Schuhmacher und Schneider.
Viele wohnen im unruhigen Faubourg St. Antoine und klumpen
sich dort um die billigen Herbergen und Gaststätten, genau wie
heute die Türken in Kreuzberg. Die politischen Diskussionen sind
radikaler als in Deutschland, denn die konstitutionelle Monarchie
und die Herrschaft der »Geldaristokraten« haben dem niederen
Volk erkennbar nichts gebracht, im Gegenteil, die sozialen Gegen-
sätze verschärfen sich. In den französischen Clubs und den Geheim-
gesellschaften wird über die soziale Revolution diskutiert, über die
Einschränkung oder Aufhebung des Privateigentums, über die
»Gütergemeinschaft«. Ein Gespenst beginnt sich zu räkeln: der
»Communismus«.

Die deutschen Handwerker in Paris organisieren sich. Zuerst ist da ein deutscher Gesangverein, auf dessen Basis ein Handlungsgehilfe namens Wolfrum und einige deutschsprachige Teilnehmer der Juli-Revolution politisch arbeiten. 1832 wird ein Filialverein des »Deutschen Vaterlandsvereins zur Unterstützung der freien Presse« gegründet; im Juli/August umbenannt in »Deutscher Volksverein«.

Zeitgleich mit dem Hambacher Fest (Mai 1832) veranstalten 450 Paris-Deutsche im Bois de Boulogne eine Maifeier, unter dem Vorsitz des legendären Lafayette und mit zahlreichen Gästen anderer Nationalität. Die Hoffnungen auf eine deutsche Revolution steigen hoch. Dann die Rückschläge: der Frankfurter Wachensturm scheitert, der Bundestag zieht die Zensurschraube an.

Die Gastarbeiter in Paris sind in einer bitteren Lage. Zwar gibt es politische Kontakte zu französischen Kollegen, aber selbstverständlich sind sie auch eine ungern gesehene Konkurrenz auf dem Arbeitsmarkt. Heimweh haben sie auch, und nun ist der Traum vorerst ausgeträumt, aus Paris mit der Freiheitsfahne nach Deutschland zu ziehen. (Der wird erst 15 Jahre später wahr mit der »Demokratischen Legion«.)

In dieser Situation schreibt der Tischler (und spätere Klavierbauer) Wolfgang Strähl aus Solothurn ein Trostlied auf die Melodie des Schweizer Heimweh-Liedes »Herz, mein Herz, warum so traurig«. Strähl war ein Aktivist unter den Handwerkern, führendes Mitglied des Deutschen Vaterlandsvereins, des Deutschen Volksvereins und des Bundes der Geächteten.

Wir drucken hier den Text unkorrigiert nach der Handschrift. Zur Erinnerung: Die politisch aktiven Handwerker arbeiteten z. T. zwölf bis vierzehn Stunden pro Werktag in ihrem Beruf. In der wenigen Freizeit lasen sie philosophische, politische, ökonomische Schriften, übten sich in Orthographie und Grammatik (manche mußten beim ABC anfangen), verfaßten selber revolutionäre Flugschriften, organisierten politische Versammlungen . . . und schrieben dann auch noch Lieder.

Melodie
Herz! mein Herz warum so traurig.

14

Trauernd, aber nicht verzweifelnd,
Sehne [illegible] ich Brüder hier.
Weil ich [illegible] [illegible] [illegible]
Doch [illegible] an bey Wein und Bier.

— —

Auch find ich nie Glanz der Augen,
Zum trauern gehört nie Lied.
Noch liegt Deutschland in der Wiege,
Wegen [illegible] und Jugend fliegt! —

—

Nun steht den letzten Tag im Mai,
Schlugen alte Zeichen drauf,
Die ganze Macht stand Deutschland bey:
[illegible] [illegible] lebten auf. —

— —

Noch [illegible] heute, trotz meiner Jugend,
[illegible] Freiheit [illegible] [illegible] hoch,
[illegible] [illegible] [illegible] in Gefahr
[illegible], und [illegible] noch

— —

Auch noch ~~ein~~ letzten [illegible] [illegible]
[illegible] [illegible] [illegible] bey uns hier
[illegible]! o [illegible]; [illegible] und [illegible];
Aber nicht bey Wein und Bier.

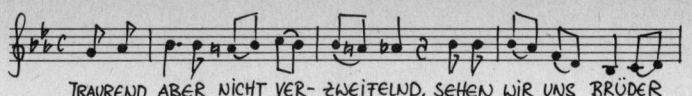

1. Traurend, aber nicht verzweifelnd,
   Sehen wir uns Brüder hier.
   Viel ist gescheh'n zwischen weilend
   Doch stoßt an bey Wein und Bier.

2. Auch stimmt an ein G'sang der Klage,
   Zum Trauern gehört ein Lied.
   Noch liegt Deutschland in der Lage,
   Wovor Ehr und Jugend fliegt!

3. Nun seit dem letzten Fest im May,
   Schlugen alle Teufel drauf.
   Die ganze Macht stand Franckfort bey.
   Satans Diener lebten auf. –

4. Noch schmachten Heut, seit einem Jahr,
   Unsrer Freyheit Helden hoch,
   Im Kerker sitzen in Gefahr
   Wirth und Siebenpfeifer noch.

5. Auch noch im letzten Hornung stand
   Herr Garnie, selbst bey uns hier
   Er sitzt! o das ist uns bekannt;
   Aber nicht bey Wein und Bier.

6. Auch noch von manchem Deutschen Kor
   Frey bekant bey uns zu Haus,
   Jetzt bluthen sie als Bey Spiel vor
   Während der Fürst hält seinen Schmaus.

7. Doch es ist des Schicksals Sache
   Das ja mancher stirbt für Dich
   O Freyheit! für Deine Sache
   Fürchtet von uns keiner sich.

8. Schon längst haben wir versprochen
   Mit Leben Gut und auch Tod,
   Wie Herman einst hat gefochten
   Für Ehr, Vaterland und Gott!

9. Ja aus Paris da ziehen einst
   Wen des Schicksals Stunde schlägt
   Wir Deutsche dann wenn du aufkeimst
   Deutsches Volk wen du ausschläfst!

10. Ja traurend aber nicht verzagt
    Stehen wir gelaßen heut
    Verschmähen der Tyrannen Macht
    Ein Toast den Helden g'weiht!

Text: Wolfgang Strähl. Strähl hat das Lied wahrscheinlich geschrieben,
          als auch ein deutsches Flugblatt zum Urteil gegen Wirth und
          Siebenpfeiffer in Paris erschien, also August 1833.

Melodie: »Herz, mein Herz, warum so traurig« von Friedrich Glück,
          1814. Der Originaltext stammt von Johann Rudolf Wyss dem
          Jüngeren, 1811, und war ursprünglich in Berner Mundart ge-
          schrieben.

[Fest im May: das Fest im Bois de Boulogne, gleichzeitig mit dem Hambacher Fest am 21. Mai 1832. / Franckfort: vermutlich der Wachensturm vom
8. April 1833 gemeint. / Zu Strophe 4: Am 29. Juli eröffnete das königlich
bayerische Appellationsgericht des Rheinkreises in Landau gegen Johann
Georg August Wirth, Philipp Jakob Siebenpfeiffer u. a. den Prozeß wegen
»der directen, jedoch ohne Erfolg gebliebenen Aufforderung zum Umsturz
der Staatsregierung«. Wirth saß dann zwei Jahre ab (Kaiserslautern und
Passau), Siebenpfeiffer floh im November ins Elsaß. / Herr Garnie: Joseph
Garnier, Journalist und Sprachlehrer, seit 1929 in Paris. Seit Mitte 1832 dort
im Preßverein tätig. Ende Februar 1833 reist er als Emissär nach Baden, wird
dort verhaftet, freigesprochen vom Rastätter Hofgericht im Sommer 1833.
Die Frankfurter Kommission sistiert jedoch das Urteil. Garnier flieht im
Oktober 1833 nach Frankreich. / Kor: Freicorps, Strähls große Hoffnung,
siehe auch Strophe 9. Es dauert 15 Jahre, bis die »deutsche demokratische
Legion« von Paris nach Baden zieht.]

Zur weiteren Pariser Vereinsgeschichte: aus dem »Deutschen Volksverein« entsteht 1834 die Geheimgesellschaft »Bund der Geächteten«; davon zweigt 1838 der »Bund der Gerechten« ab; dieser benennt sich 1847 um in den »Bund der Kommunisten«.
Somit kennen wir den Stammbaum der Kommunistischen Internationale. Mit einem deutschen Gesangverein in Paris hat alles angefangen.

Im Jahr 1835 faßte der Deutsche Bundestag (eigentlich: die ständige Botschafterkonferenz in Frankfurt) zwei interessante Beschlüsse. Am 10. Dezember wurden die Schriften des Jungen Deutschland verboten (namentlich Heine, Gutzkow, Laube, Wienbarg und Mundt). Dieser Beschluß ist berühmt, weil er von berühmten Leuten handelt.
Der andere ist nicht berühmt, weil er von kleinen Leuten handelt. Er verbot »das Wandern der den Deutschen Bundesstaaten angehörigen Handwerksgesellen nach denjenigen Ländern und Orten, in welchen offenkundig dergleichen (politische) Assoziationen und Versammlungen geduldet werden, solange diese Duldung besteht . . .«
Das bezog sich auf die innere Schweiz, auf Paris und Brüssel. Das traf bzw. das hätte getroffen, wenn sich die Gesellen dran gehalten hätten. Viele haben sich offenbar nicht dran gehalten, denn die Zahl der Deutschen in Paris nahm nach 1835 ständig weiter zu.
Das hätte getroffen, denn die Rolle der Handwerksburschen für die Verbreitung revolutionärer Ideen und Schriften war ziemlich wichtig. Denn wenn einer mal in Zürich oder Paris oder Brüssel in engen oder losen Kontakt mit einer politischen Gruppe kam, wenn er etwas lernte oder auch bloß aufschnappte, er trug es ja weiter. In jeder Stadt traf er in der Gesellenherberge andere Gesellen. Man säuft, man singt, man redet über Gott und die Welt, man politisiert; vielleicht steckt er einem Kollegen eine Flugschrift zu, vielleicht argumentiert er, vielleicht erzählt er nur dies und das. Vielleicht hat er den anderen angesteckt mit einem revolutionären Bazillus, vielleicht auch nicht. Jedenfalls, die Möglichkeit hat bestanden, und es gab solche Möglichkeit millionenfach. Denn es waren ja Zehntausende Gesellen unterwegs, und zwar viele Jahre lang. Ein Konstanzer Freischärler z. B. hatte 11 Jahre Wanderschaft auf dem Buckel!
(1847 waren in Frankreich 170 000 Deutsche, in Belgien: 13 000 und in der Schweiz: 40 000. Wir können also davon ausgehen, daß gut

100 000 Handwerksgesellen in diesen drei Ländern lebten oder wanderten.)

Von den Pariser Vereinen bestanden nachweislich Beziehungen zur Rheinpfalz, nach Frankfurt, Hessen, Baden und Württemberg. Ein bestimmter Teil der Pariser Flugschriften wurde nach Deutschland geschmuggelt, unter Umständen auch dort nachgedruckt.

Die Polizeibehörden wußten jedenfalls sehr gut, warum sie jeden wandernden Handwerksgesellen als Sicherheitsrisiko einstuften und warum sie auch schließlich das Wanderverbot beim Bundestag durchsetzten. Denn dieses informelle, oft bloß durch Zufall geknüpfte Kommunikationsnetz der Gesellen war letztlich nicht zu überwachen.

Das Wanderverbot hatte aber auch eine wirtschaftliche Seite, es war für diejenigen, die sich dran hielten, in manchen Fällen schlicht der Ruin. Denn vor allem süddeutsche Schneider, Schuhmacher, Schlosser und Schreiner sind traditionell in der inneren Schweiz gewandert, wo die Kleingewerbe-Struktur noch so gut funktionierte, daß es für die Gesellen leicht war, Arbeit und außerdem bessere Löhne als in Deutschland zu finden. Wenn sich nun einer an das Verbot hielt, konnte er unter Umständen wochen- und monatelang von einem deutschen Ort zum anderen wandern, ohne Arbeit zu finden, bis er schließlich nach Hause abgeschoben wurde, wo er auf Almosen angewiesen war. Oder er kapitulierte und ließ sich beim Militär anwerben. Oder er tat sich mit einem Kollegen der Landstraße zusammen, einem »Kunden«, und verlegte sich aufs »Fechten« (Betteln) oder Klauen, bis er schließlich in einem Knast landete.

Der Tischler Wolfgang Strähl hat wohl direkt 1835 mit einem Lied auf das Wanderverbot reagiert. Als Melodie gibt er an: »Was will der frechen Sklavenschaar«. Dieses Lied wiederum war nach dem Wachensturm im Frankfurter »Männerbund« verbreitet und wurde nach der Carmagnole gesungen.

1. Was will der deutsche Bundestag,
   Dies Trugekorn und Völkerplag?
   Ein neuer unerhörter B'schluß
   In Schrecken, Furcht und voll Verdruß,
       Hat neulich fabriziert
       Er protokollisiert
   Gegen Handwerksburschen,
       Handwerksbrauch,
   Gegen Handwerksburschen,
       Handwerksbrauch,
       Freiheit auch.

2. Ja, wahrlich war es Handwerksbrauch
   Zu reisen in das Ausland auch;
   Bis heute war es immer so –
   Ach! jetzt nun Brüder gehen wo?
       Der Bund hat fabriziert
       Ganz protokollisiert
   /: Daß kein Handwerksbursche
       Reise frei :/
       Wer's auch sei.

3. Bund! solches unser Heimat Recht,
   Wo jeder Schurke ist dein Knecht?
   Wo Fürsten bloß und Adels-Stand
   Sind einzig frei in Herrmanns Land?
       Wo Sperr' und Grenz' uns steht

Ein Aufhalts-Diener geht
/: Der rufet: »Hat er Bursche
Geld und Paß?« :/
Hört ihr das?

4. Doch schon erfahrne Kerle schon
Vergelten einst verdienten Lohn.
Mit uns darum nicht zu gemein,
O Bund! es könnt Dein Sturz sonst sein.
Denn schon vielleicht bedacht,
Wenn's Juli-Sonne macht?
/: Dreist Dir dann zu lehren.
Handwerksbrauch :/
Nach Gebrauch.

Ein erfahrener Handwerksbursche

Text: (gekürzt um 4 Strophen): Wolfgang Strähl 1835.
         Flugblatt bei A. Belin, rue Ste-Anne, n° 55.
Melodie: Die Carmagnole (»Madame Veto avait promis«). Carmagnoles
         nannte man die Jacken aus Carmagnola, die italienische Arbeiter
         Ende des 18. Jahrhunderts in Marseille einführten. Diese Jacken
         und die »Marseillaise« brachten die Marseiller 1792 nach Paris
         mit, wo beide von den Revolutionären übernommen wurden. Im
         gleichen Jahr taucht das Lied auf, eine Melodie aus Savoyen. Zur
         Carmagnole wurden unzählige Texte geschrieben, je nach der
         aktuellen Lage. Oft wird sie in einem Zug mit dem Ça ira
         gesungen.

Vielleicht fragt sich an dieser Stelle der geneigte Leser, ob solche
eckigen Verse auf eine so tänzerische Melodie überhaupt gesungen
wurden. Wir glauben schon. Denn erstens spielte das gemeinsame
Singen im 19. Jahrhundert eine viel größere Rolle als im Zeitalter der
Hi-Fi-Anlagen und der Walk-Men. Und zweitens waren sehr viele
Leute in der hochpolitisierten Epoche des Vormärz geradezu süch-
tig nach neuen, singbaren Texten zu aktuellen Ereignissen. Die
Literaten haben natürlich 1835 vor allem Texte über die Zensur
gemacht, das Verbot des Jungen Deutschland war ihr Problem. Das
wichtigste Problem für die Handwerker aber war nun mal das
Wanderverbot; keine Frage also, ob sie so ein Lied interessierte!
Eine mögliche Szene:

Ausländerkneipe im Faubourg St. Antoine (Paris), Sonntag abend, 1841. Publikum: vor allem deutschsprachige Handwerksgesellen. Großer Lärm. Gerede über Werkstätten und Jobs, über die Pariser Frauen und die Mädchen zu Hause, übers Essen und Hauswirte. Über technische Erfindungen in der Textilbranche, über die Frage, wie deutsch der Rhein, wie nötig der Kölner Dom und wie nah die Revolution ist. Mordtaten aus der Provinz werden durchgehechelt und Intrigen in Louis Philippes Regierung. Zwischendurch dann Lieder, vaterländische, französische oder auch zünftige: »Lustig, lustig, ihr lieben Brüder . . .«

In der Ecke hockt einer, der heißt Wagner und ist ein Schreiner aus Gießen, der hockt da mit zwei Kumpels aus demselben Verein, zieht ein druckfrisches kleines Büchlein aus der Tasche (DIN A 6) und summt plötzlich die Melodie von »Heil Dir im Siegerkranz / Herrscher des Vaterlands! / Heil, König, dir! / Fühl in des Thrones Glanz / die hohe Wonne ganz: / Liebling des Volks zu sein! / Heil, König, dir!« Ein Berliner Schneider kommt dazu, singt ironisch mit, macht obszöne Gesten, besonders bei »Liebling des Volks«. Gelächter, feuchtfröhliche Flüche, einer intoniert »Fürsten zum Land hinaus!«, großes Hallo. Dann zeigt der Schreiner Wagner aus Gießen sein Büchlein, erklärt ganz unbescheiden, er habe einen viel besseren Text zur selben Melodie, der stamme aus seiner eigenen Feder und sei es wirklich wert, von entschlossenen Burschen gesungen zu werden, nebenbei bemerkt, es sei auch in diesem Buche abgedruckt, in den »Volks-Klängen« . . . Und hebt an »Ehrt doch den Handwerksmann . . .« Die neben ihm sitzen, singen mit, setzen nach und nach eine feine Tenor-Verzierung drüber und einen Stützbaß darunter, und ich wette, die letzte Strophe wird zweimal gesungen! Danach geht's vielleicht weiter mit Politisieren oder schlüpfrigen Liedern. An der Tür geraten sich zwei in die Haare, und aus der Straße hört man einen Schweizer »Herz, mis Herz, warum so trurig« . . .

Volks = Klänge.

Eine Sammlung

Patriotischer Lieder.

Paris.

Buchdruckerei von Wittersheim,

Montmorency Strase.

—

1841.

BÜRGERLIED

EHRT DOCH DEN HANDWERKSMANN, UND AUCH DEN BAUERSMANN, ARM ODER
REICH! GLEICH GEBAUT WIE AUCH IHR UND VON DER-SELBEN ZIER
DA-RUM SIND MENSCHEN WIR AL—LE UNS GLEICH.

1. Ehrt doch den Handwerksmann,
   Und auch den Bauersmann,
      Arm oder reich!
   Gleich gebaut, wie auch ihr,
   Und von derselben Zier,
   Darum sind Menschen wir
      Alle uns gleich.

2. Aber der Bauernstand
   Ward bisher sehr verkannt,
      Ja selbst veracht.
   Dennoch, es kommt die Zeit,
   Wo man es sehr bereut,
   Daß man die braven Leut
      Stets hat veracht.

3. Denn ohne beider Stand
   Wird einst im Vaterland
      Kein Heil erblüh'n.
   Erst, wenn das Volk steht auf,
   Throne wirft über'n Hauf,
   Schlägt auf die Pfaffen d'rauf,
      Dann erst wird's grün.

4. Darum, ihr liebe Herrn
   Mit Ordensband und Stern,
      Nehmt euch in Acht!
   Rachetag bricht einst an,

91

Dann zieht der Bauersmann,
Wie auch der Handwerksmann
   Muthig zur Schlacht.

5. Keiner giebt euch Pardon,
Tod nur allein ist Lohn
   Für jeden Schuft.
Ihr habt uns stets veracht,
Darum wird auch gelacht,
Wenn ihr am Galgen macht
   Sprüng' in die Luft.

Text: Wagner, Schreiner aus Gießen. Veröffentlicht in Volks-Klänge,
           1841.
Melodie: »Heil Dir im Siegerkranz«, also »God save the King« von Henry
           Carey, 1734. Die deutsche Fassung von Heinrich Harries war
           ursprünglich für den Dänenkönig geschrieben worden (1790)
           und wurde 1793 in Berlin eingeführt.

Der Schreiner aus Gießen hat offenbar eine genauere Ansicht vom
revolutionären Subjekt als die großen Volksmänner. Er singt nicht
verschwommen vom dicken deutschen »Wir«, sondern von den
arbeitenden Klassen, den Bauern und Handwerkern. Er singt im
eigenen Interesse, im Gegensatz zum Besitzbürgertum, das versteckt seine Interessen nämlich immer im Gemeinwohl der teut-
schen Nation.
Ein anderer Handwerksgeselle, der Schneider Wilhelm Weitling,
zur selben Zeit auch in Paris, schreibt in seiner 1841 veröffentlichten
Schrift »Der Hülferuf der deutschen Jugend«:

*Seit Menschengedenken verfochten immer andere unsere oder viel-
mehr ihre Interessen, darum ist es doch wahrlich bald Zeit, daß wir
einmal mündig und dieser gehässigen, langweiligen Vormundschaft
los werden. Wie kann jemand, der unser Wohl und Wehe nicht teilt,
sich einen Begriff davon machen; und ohne diesen Begriff, diese
praktische Erfahrung, wie ist er imstande, Verbesserungen in unserem physischen und moralischen Zustande vorzuschlagen und einzu-
führen? Selbst wenn er es aufrichtig wollte, könnte er es nicht, denn
nur Erfahrung macht klug und weise. Wer die Lage des Arbeiters
richtig beurteilen will, muß selber Arbeiter sein, sonst kann er keinen
Begriff haben von den Mühen, die damit verbunden sind.*

Und es ist in der Tat äußerst interessant, heute nachzulesen, was sich diese Handwerker damals gedacht haben. In einer Flugschrift des Deutschen Volksvereins von 1834, Titel: »Brüder und Freunde«, verfaßt wahrscheinlich von dem Tischler Strähl und dem Schriftsetzer Julius Goldschmidt (und vielleicht noch anderen) steht zu lesen:

Und wie viel gibt man Euch für Eure Arbeit? Nicht die Hälfte von dem was derjenige lös't welcher sie in der ersten Hand verkauft. *Ein Kleidungsstück, das Ihr für 20 bis 22 Fr. verfertigt, trägt dem Verkäufer 40 bis 45 Fr. ein; eine Möbel, welche für 4 bis 5 Fr. aus Euren Händen geht, wird nicht unter 9–10 Fr. erstanden, u. s. f., u. s. f. – Und in wessen Taschen geht diese Hälfte des Kaufpreises welche Euch von Gottes- und Rechtswegen gehört, weil Ihr sie durch Eure saure Arbeit erworben habt? In die Tasche des Reichen, des Müssigen oder wenigstens des Nichtverfertigers des Gegenstandes den man ihm bezahlt; in die Tasche des Kapitalisten . . .*

Und Wilhelm Weitlings Schrift »Die Menschheit wie sie ist und wie sie sein sollte« (Programmschrift des Bundes der Gerechten, 1838) beginnt mit folgendem Motto:

> *Die Namen Republik und Konstitution*
> *So schön sie sind, genügen nicht allein;*
> *Das arme Volk hat nichts im Magen,*
> *Nichts auf dem Leib und muß sich immer plagen;*
> *Drum muß die nächste Revolution,*
> *Soll sie verbessern, eine soziale sein.*

Über die Frage der nächsten Revolution und wie die sein sollte, haben sich Weitling und der Doktor Marx leider später zerstritten. Marx beharrte auf der Akkumulation des Kapitals und dem Aufbau der Fabrikgesellschaft. Er hat sich, wie wir heute sehen, durchgesetzt.
Weitling wollte mehr und gleich: Eine Gesellschaft mit Gütergemeinschaft, Ausgewogenheit von Arbeit und Genuß und die Abschaffung des Geldes. Weitling hat sich nicht durchgesetzt. Aber er hat neben sehr wichtigen, lesenswerten Schriften auch in den schon zitierten »Volks-Klängen« unter seinem Pseudonym »Freimann« elf Lieder hinterlassen. Eines davon heißt: »Das Geld«, zu singen auf die Melodie »Auf, die Humpen vollgeschenkt«. Wir haben ein Lied

mit diesem Titel nicht gefunden, vermuten aber, daß es sich um eine der zahllosen Versionen von Gaudeamus igitur handelt. Jedenfalls kann man den Text drauf singen.

DAS GELD

1. Trostlos, einsam und verlassen
   Lebt man ohne Geld.
   Andere verschwenden, prassen;
   Denn sie haben Geld.

   Drum laßt uns nach Gleichheit werben,
   Für sie leben, für sie sterben.
   Laßt himmelhoch ihr Banner wehn;
   Die Knechtschaft muß zu Grunde gehn;

2. Wen das Glück hat auserkoren,
   Thut, was ihm gefällt.
   Wer zum Sklaven nur geboren,
   Kann nichts ohne Geld.

   Drum laßt uns . . .

3. »Wer nichts schafft, soll auch nichts essen«,
   Heißt es in der Welt;
   Doch den Spruch die stets vergessen,
   Die den Sack voll Geld.

   Drum laßt uns . . .

4. Gieb das täglich Brod uns heute,
   Wenn's Dir, Herr, gefällt.
   Dem, der nur am Gelde Freude,
   Gieb statt deß nur Geld!

   Drum laßt uns . . .

5. Für die Freiheit seiner Brüder
   Stritt schon mancher Held;
   Aber was verdarb ihn wieder? –
   Immer nur das Geld.

   Drum laßt uns . . .

6. Drum so schwöre Jeder heute
   Auf zum Himmelszelt,
   Daß er nur für Gleichheit streite,
   Aber nicht für's Geld!

   Drum laßt uns . . .

7. Fluch dem Mann in unsrer Mitte,
   Der den Schwur nicht hält,
   Der ein Sklav' der schlechten Sitte,
   Dessen Gott das Geld!

   Drum laßt uns . . .

Text: Wilhelm Weitling unter dem Pseudonym »Freimann« in: Volks-
           Klänge, 1841.
Melodie: nach der älteren Singweise von Gaudeamus igitur, um 1750.

Es ist kein Zufall, daß es in diesem Lied nur um die »Freiheit seiner
Brüder« geht und um den »Mann in unsrer Mitte«.

Schwestern kommen in allen diesen Liedern nicht vor, denn die Handwerkervereine sind ausschließlich Männerbünde. Die Emanzipations-Diskussion der Romantik und des Jungen Deutschland findet hier keinen Widerhall, auch wenn bei allen Unruhen und Aufständen die Frauen aus dem niederen Volk eine wichtige Rolle spielten.

Um so überraschender, daß die Herausgeber der Volks-Klänge eine Emanzipationsstrophe in ihr Liederbuch aufgenommen haben. Das Lied heißt »Die zehn Gebote der Freiheit« und ist so eine Art Tugendspiegel für die jungen revolutionären Handwerker, ihnen vorgehalten, damit sie nicht allzu sehr verlottern. Wenn ihnen der Tugendspiegel z. B. sagt, sie sollten enthaltsam leben und sich einfach kleiden, ist wohl anzunehmen, daß die Jungs eine Neigung zum Saufen und Protzen hatten.

Der Autor der »Zehn Gebote . . .« ist der Literat und Agitator Harro (Harro Paul Harring), dessen Texte offenbar unter den Handwerkern wohlgelitten waren. Für sie hat er auch geschrieben, sein Pseudonym heißt denn auch beziehungsreich John Felleisen.

Als Melodie ist die damals sehr populäre Melodie von »Bertrands Abschied« angegeben. Wir drucken hier die Strophen 2, 7 und 10 ab.

DIE ZEHN GEBOTE DER FREIHEIT

DU SOLLST DAS WEIB ALS DEINES GLEICHEN SCHÄTZEN. KEIN WESEN IST DEM MANNE ‹UNTER—TAN›.

DU SOLLST DAS RECHT NICHT AM GESCHLECHT VER-LETZEN, DENN OFFEN ALLEN STEHT DER BILDUNG

BAHN! DU SOLLST DEM WEIB DAS WIRKEN NICHT VER-WEHREN. ZUM HEIL DER MENSCHHEIT,

WELCHER ART ES SEI. MANCH WEIBLICH HERZ KANN MUT UND KRAFT DIR LEHREN. DAS GANZE

WEIBLICHE GESCHLECHT IST FREI!

2. Gebot:

Du sollst naturgemäß vernünftig leben,
Enthaltsam, tätig, redlich, mäßig sein.
Du sollst dich keiner Leidenschaft ergeben,
Dich mehr an Wasser halten als an Wein. –
Du sollst jedwede Kraft in dir entfalten,
So viel du kannst, so Seel- als Körperkraft.
Natur soll stets in deinem Wesen walten,
So auch Vernunft, die Freud' am Leben schafft.

7. Gebot:

Du sollst das Weib als deines Gleichen schätzen.
Kein Wesen ist dem Mann hier »untertan«,
Du sollst das Recht nicht am Geschlecht verletzen;
Denn offen Allen steht der Bildung Bahn!
Du sollst dem Weib das Wirken nicht verwehren,
Zum Heil der Menschheit, welcher Art es sei.
Manch weiblich Herz kann Mut und Kraft dir lehren –
Das ganze weibliche Geschlecht ist frei!

10. Gebot:

Du sollst gar sehr auf gute Waffen halten.
Hab' ein Gewehr mit Bayonet bereit –
Ein Beil, – es giebt im Kampf gar viel zu spalten!
Ein Dolch thut wohl, als Nothwehr, jederzeit.
Du solltest den Waffenbrauch nicht unterlassen,
Dich üben, daß dein Schuß den Mann erlegt.
Du sollst im Feind die Schmach der Knechtschaft hassen,
Nicht schonen den, der gegen's Volk sich schlägt.

Text: Harro Harring, in: Volks-Klänge, 1841.
Melodie: »Bertrands Abschied«, das Lieblingslied der Napoleons-Vetera-
          nen. (General Bertrand begleitete Napoleon nach St. Helena.)
          Nach 1830 transportierte diese Melodie beliebte Polenlieder.

Soldaten

Die letztlich ausschlaggebende Entscheidung jeder Revolution fällt im Militär, in jener Maschine, die der Staatsführung das Gewaltmonopol sichert. Bleiben die Burschen bei der alten Fahnenstange, ist die Revolution verloren.

In unzähligen Liedern des Vormärz taucht der Begriff »Fürstenknecht« auf. In den Jahren 1813 bis 1815 war es anders, argumentieren die Flugblätter, damals waren sich Volk und Heer einig gegen die Fremdherrschaft und für die Freiheit. Aber dann haben die Fürsten das Volk verraten, und jetzt ist der Soldat nur noch ein verachteter Söldner, der die Privilegien der Höfe und der adeligen aristokratischen Offiziere schützt.

Die Agitationsflugblätter für die Soldaten galten als äußerst gefährlich, weil sie sehr plausibel argumentierten und populäre Forderungen aufstellten. So z. B.

- Beschränkung der Wehrpflicht. Nach dem »Ausexercieren« sollten die Soldaten wieder nach Hause dürfen, die Reserven sollten nur im Kriegsfall einberufen werden. Die herrschende Praxis in Österreich dagegen war: wer einmal zum Militär gezogen, gepreßt oder verurteilt wurde, mußte dort 8 Jahre bleiben!
- Freie Wahl der Offiziere bis zum Hauptmann durch die Soldaten; Chancengleichheit für den Aufstieg in der Hierarchie.
- Angleichung des Soldes von Gemeinen und Offizieren.
- Unterstellung unter die zivile Gerichtsbarkeit in Friedenszeiten.
- Invalidenversorgung: »Ist es nicht eine Schmach, daß Männer, die ihre Gesundheit im Dienste des Vaterlandes geopfert haben, die mit zerschossenen Gliedern aus dem Felde zurückkehren, mit dem Leierkasten in Frost und Elend ihr Brot erbetteln und ihr Leben kärglich fristen müssen?«

Die Revolutionäre haben große Hoffnungen genährt, daß die Gemeinen überlaufen würden. Vor den Gefechten trat meistens auch ein Agitator aus den Reihen der Insurgenten auf und hielt eine Rede an die Linientruppen gegenüber. Zunächst ohne Erfolg.

Nach den ersten Kämpfen und einschlägigen Erfahrungen mit der Soldateska verschärfte sich der Ton der Flugblätter. Im Oktober

Chriſtbeſcheerung für deutſche Soldaten
und ſolche, die es werden wollen.

Treue Liebe bis zum Grabe
Weih' ich dir mit Herz und Hand,

Alles, was ich bin und habe,
Dank' ich dir, mein Vaterland!

1848 erschien z. B. in Baden ein Aufruf an die Soldaten, vermutlich verfaßt von dem Freischaren-Anführer Friedrich Neff aus Rümmingen bei Lörrach.

An die elenden Brudermörder und an die braven republikanisch gesinnten Soldaten in Baden.

Wiederum habt ihr bewiesen, daß ihr die dumme und willenlose Maschine seid in der Hand der Volksunterdrücker. Mehr noch, ihr wüthet selbst wie die reißenden Thiere gegen eure waffenlosen Brüder und hauet und stechet sie auf die blutdürstigste Weise nieder.

Das habt ihr getan, ihr Hunde, und tut es ferner noch! Und gegen wen habt ihr das getan? Etwa gegen eure Feinde? Nein, gegen diejenigen, die euch erzogen, gepflegt und geliebet haben, gegen das Volk habt ihr das getan. Nimmermehr soll der Fluch des Volkes auf seine Fürsten fallen, denn sie wären machtlos und todt, wenn ihr Elenden sie nicht unterstütztet. Auf euch allein komme der Fluch des Volkes, und wie ein Gespenst soll das Elend des Volkes euer Gewissen verfolgen und nicht ruhen, bis euch die Qual getötet hat. Jeder Bissen Brotes, den ihr esset, sei ein Gift, das euch die Seele in dem Leibe zerstöre. Nicht eine bloße Redensart soll dies sein. Weib, nimm Arsenik und Blausäure und vergifte ihnen ihre Speise und ihr Getränke. Mann, greif' zu Dolch und Schwert und kehre es in ihren Eingeweiden um! Selbst die wehrlosen Musikanten, welche sich in einem Hause in Staufen versteckt hielten, mordetet ihr auf die schrecklichste und grausamste Weise hin, gegen alles Kriegsrecht. Wo morden ehrliche Soldaten wehrlose Leute? wo mordet man im Kriege Musikanten? Nur ihr elenden Bluthunde vermochtet das zu thun. Aber das Volk wird einst eine schreckliche Rache nehmen an euch Elenden. Sobald einer von diesen schlechten Vater- und Brudermördern wieder zurück in seine Heimat kommt, so schießt ihn nieder, ihr braven Bürger, bei Tag oder bei Nacht und Nebel, wo ihr die beste Gelegenheit habet. Die Zeit wird kommen, wo an jedem Baum des Feldes einer von euch verfluchten Vater- und Brudermördern hängen wird. Das sagen wir euch, ihr Hundeseelen, ihr Hundesoldaten, ihr Vater- und Brudermörder.

Wir wissen wohl, daß es noch viele edle Soldaten gibt, welchen das Wohl des Volkes als ihr eigenes am Herzen liegt. Darum an euch, ihr lieben Brüder, an euch republikanisch gesinnte Soldaten ein Bruderwort des Wohlwollens, der Liebe und Freundschaft. Wir wissen wohl, teure Brüder, daß viele von euch nur gezwungen, *von euren* lausigen adelichen *Offizieren gegen das Volk marschierten. Darum schießt die Hunde, eure Offiziere, tot und wählet aus euch selbst eure Offiziere. Viele von euch haben mehr militärische Kenntnis, als diese* Lausbuben. *Sobald einmal Republik ist, werden in kurzer Zeit viele von euch, von den gemeinen Soldaten, schnell nicht bloß bis zum Offizier, sondern selbst bis zu den Generälen hinaufsteigen, wie in den neunziger Jahren in der französischen Republik geschehen ist. Da sind gemeine Soldaten und Handwerksburschen bis zum General hinaufgestiegen. Z. B. der Marschall Ney war der Sohn eines Küfers und trat als gemeiner Soldat in einem Husarenregiment seine militärische Laufbahn an. Ebenso stieg Jourdan vom gemeinen Soldaten in kurzer Zeit bis hinauf zum General. Das weiß der vernünftige Soldat wohl, daß er nur in der* Republik *zu Ehren kommen kann. Liebe Brüder, ihr republikanischgesinnten Soldaten! stellet euch daher an die Spitze des Volkes,* werdet unsere Anführer! *Führt uns in den Kampf gegen die Fürsten und ihre vater- und brudermörderischen Soldaten! Gewiß wird dann der Sieg unser sein. Und ihr werdet Ruhm und Ehre und die Liebe und den Dank des Volkes ernten.*

Treue Brüder! als Republikaner *wißt ihr auch, für was ihr kämpfet. Ihr kämpfet ja für euer eigenes Wohl, für euer eigenes Glück, für eure eigene Freiheit. Ihr seid keine solche Narren, daß ihr euer Leben auf dem Schlachtfelde in die Schanze schlaget, damit die Fürsten und ihre adelichen Buben ihre Wollust mästen mit eurem Herzblut. Ihr mordet nicht eure Väter und Brüder, damit dadurch die Fürsten und ihre Buben das Geld des Volkes ungestört in den Armen ihrer Huren verprassen können. Umgekehrt, ihr schießet die schlechten Soldaten, die lausigen Offiziere, die Hunde von Beamten und Pfaffen und die Fürsten tot, damit das Volk einmal Ruhe und Frieden hat, damit sich das Volk einmal aus seiner Not erholen kann.*

Euer Fahneneid, worin ihr Treue dem Fürsten geschworen habt, zu welchem ihr aber gezwungen worden seid, ist null und nichtig, und nur ein Schafskopf wird ihn halten.

Ihr Bürger aber, schließet Freundschaft mit diesen republikanisch gesinnten Soldaten, pfleget sie besser mit Speise und Trank und laßt ihnen eure ganze Liebe angedeihen. Die andern aber verachtet wie schäbige Hunde. Mit diesen republikanischen Soldaten müßt ihr eure Pläne machen, wie von den andern die Kanonen und Gewehre können genommen werden, wie die Offiziere wegzuschaffen sind und wie die Brudermörder können gehängt werden. Nur ein Narr wird noch diesen feigen Buben, seinen Offizieren, Gehorsam leisten.

In Wien und Ungarn gingen ganze Regimenter republikanisch gesinnter Soldaten zum Volke über. Den Latour und Lamberg haben sie aufgehängt und mehrere Generäle und viele Offiziere erschossen, und so müssen auch wir es machen mit unseren *Ministern,* Generälen, *und* Offizieren. *In den sächsischen Herzogtümern, wo sie die Republikaner unterdrücken sollten, halten sie selber zu ihnen, und Bürger und Soldaten machen die Pläne, wie sie die Fürsten samt ihrem Anhang und ihre eigenen Offiziere zum Teufel jagen wollen. Als die Nassauer Soldaten gegen die badischen Republikaner ziehen sollten, sagten sie: »wir kämpfen nicht gegen die Republikaner, unsere Brüder«. Im badischen Städtlein* Weinheim *mußte die Regierung die Soldaten wegnehmen, weil sie mit den Bürgern Bruderschaft schlossen und zu republikanisch wurden. Vielleicht schon in dieser Stunde wird das brudermörderische Militär, welches vor Wien steht, von den braven Republikanern mit einem Schlage vernichtet, und dann werden in Berlin und ganz Deutschland die Republikaner sich erheben und die republikanisch gesinnten Soldaten von ganz Deutschland wie Brüder mit dem Volke zusammenhalten und die Feinde der Freiheit und des Vaterlandes zu Fetzen zerhauen. Im badischen Oberlande war es* Struve, *welcher mit Manneszucht und mit der edelsten Aufopferungsfähigkeit voranging und der nie wankend wurde und nie wankend werden wird, selbst in den dumpfen Mauern des Kerkers nicht, in seinem großen Entschlusse, für das Volk zu kämpfen und zu sterben. Dieser große Republikaner war es, welcher schon beim ersten Freischarenzug den* Hecker *zur republikanischen Tat herangetrieben. Im Vorparlament in Frankfurt und an allen Volksversammlungen in Baden war er der erste Führer der Republikaner und Hecker nur sein Werkzeug. Darum harrt Struve aus und Hecker nicht. Und selbst jetzt, wo Hecker sein Volk und sein Vaterland verlassen hat, warf Struve seine Brust den Bajonetten des Feindes entgegen und leidet nun für sein Volk in den Mauern des Kerkers. Darum ed!e Soldaten! dieser große Republikaner* Struve *lebe hoch!* Die republikanisch gesinnten Soldaten, unsere Brüder, sollen hoch leben! – Hoch lebe die deutsche Republik!

Erklärungen:
wehrlose Musikanten: ein Vorfall vom September 1848 aus Baden:
Einen Tag nach dem Kampf um Staufen habe eine Frau, deren Mann

als Aufständischer gefallen war, aus ihrem Fenster einen Schuß auf das Militär abgegeben. Die Soldaten drangen in das Haus ein, fanden dort sechs Musikanten (die Ortsmusik von Weil am Rhein) und machten sie nieder.

Latour und *Lamberg:* Am sechsten Oktober 1848 sollten auf Befehl des österreichischen Kriegsministers Latour Wiener Truppen gegen die revolutionären Ungarn abmarschieren. Wiener Legionäre, Garden und Arbeiter verhinderten das. Aus diesem Konflikt entwickelten sich Kämpfe mit schließlich 15 Toten. Latour wurde an einer Laterne aufgehängt.

Der Wiener Hof hatte den reaktionären Grafen Lamberg als Oberbefehlshaber über die ungarischen und kroatischen Truppen gesetzt. Am 28. September 1848 erschlug eine aufgebrachte Menge den Grafen auf der Budapester Kettenbrücke.

Wien: siehe folgendes Kapitel.

Struve und *Hecker:* Struve saß nach dem mißlungenen Septemberputsch '48 in Untersuchungshaft in Bruchsal.

Hecker war nach dem mißlungenen Aprilaufstand nach Amerika ausgewandert.

Das badische Flugblatt nimmt u. a. Bezug auf die *sächsischen Herzogtümer.* Zu diesen gehört auch das Herzogtum Sachsen-Altenburg (45 km südlich von Leipzig), in dem die Demokraten die Macht übernommen hatten. Oktober 1848 wurde Altenburg, »die rote Residenz«, dann von Reichstruppen besetzt, zuerst von Sachsen und Hannoveranern, schließlich von Preußen.

Aus Altenburg haben wir ein Flugblatt von 1848 gefunden, auf dem zwei an die Soldaten gerichtete Lieder abgedruckt sind. (Verlegt von Julius Helbig.)

Das eine, »Ein Neues« betitelt, benutzt die Melodie eines der beliebtesten Soldatenlieder überhaupt: »Steh' ich in finstrer Mitternacht / so einsam auf der stillen Wacht«. Text: Wilhelm Hauff, 1824, Melodie: um 1780.

Das neue Lied entwickelt seinen Gedanken aus den unmittelbaren Erfahrungen der Soldaten. Normalerweise wurden sie nämlich in Privat-Haushalten einquartiert. Das war angenehm für die Soldaten und billig fürs Militär-Budget. In der Revolutionszeit aber wurden sie in der Garnison oder im Biwak kaserniert. Sie sollten nicht fraternisieren mit der Bevölkerung.

STEH ICH IN FINSTRER MITTER NACHT ZU ALTEN-BORG AUF POSTEN-WACHT, SO DENK ICH

OFT: GOTT SEI'S GE-KLAGT, WAS WIR SOL-DATEN SIND GE-PLAGT.

1. Steh ich in finstrer Mitternacht
   zu Altenburg auf Postenwacht,
   so denk ich oft: Gott sei's geklagt,
   was wir Soldaten sind geplagt!

2. Statt heim zu meiner Liebsten gehn,
   muß ich in Wind und Regen stehn –
   man plagt uns ewig Nacht und Tag:
   Spürt den Republikanern nach!

3. Statt daß bei braven Bürgern wir
   auf Betten schlafen im Quartier,
   sperrt man uns wie die Hämmel ein,
   sobald's sechs Uhr tut Abend sein.

4. Kaum daß wir warm im Stübchen sind,
   so heißt's: Soldaten packt geschwind!
   Fort aus der Stadt! Marsch, auf das Land!
   Mit Gott für König und Vaterland!

5. Verdammt, Kam'raden! Ich hab es satt!
   Von Land zu Land, von Stadt zu Stadt!
   und alles, heißt's, für *unser* Wohl –
   So lügt man uns die Hälse voll!

6. Wir wissen besser, was uns frommt,
   und wenn's zum Kampf mit Bürgern kommt:
   Auf wen der erste Schuß gericht't
   Kam'rad? doch davon spricht man nicht . . .

Text: Anonym. Altenburg 1848.
Melodie: »Steh ich in finstrer Mitternacht«, anonym. Bekannt geworden
           zu einem Text von Wilhelm Hauff, 1824. Um 1780 zu dem Text
           »Ich hab ein kleines Hüttchen nur« gesungen.

Das andere Lied auf dem Altenburger Flugblatt (Titel: »Ein Altes«) entwickelt mit großem psychologischen Geschick den Begriff, der im Text erst als letztes Wort vorkommt: »Brudermord«.

Die Linientruppen waren den Herrschenden nie ganz sicher, wenn sie gegen das eigene Volk eingesetzt wurden. Denn in solchen Situationen stimmt das Feindbild nicht mehr. Es kann ja nie ausgeschlossen werden, daß die Soldaten Verwandte auf der Gegenseite sehen, oder Freunde, Bekannte, oder einfach Landsleute aus dem heimischen Dorf. Die Revolutions-Propaganda hat auch häufig rührende Geschichten verbreitet, in denen der Soldat und Fürstenknecht im erschlagenen Gegner seinen Vater oder seinen Bruder erkennt. Die Machthaber haben dieses Problem dann auf ihre Weise gelöst. die k. u. k. Monarchie z. B. machte sich die nationalen Widersprüche im Vielvölkerstaat zunutze und schickte kroatische Truppen gegen ungarische Rebellen und österreichisches Militär nach Italien. Der verjagte badische Großherzog Leopold stützte sich 1849 vor allem auf preußisches Militär.

(Heutzutage wird die Sache kaum anders betrieben: Bayrischer Bundesgrenzschutz macht Lüchow-Dannenberg unsicher. Von den 15 000 Mann, die für die geplante Luftlandeoperation Wyhl gedrillt werden, sind allein 10 000 Mann Reichstruppen, d. h. junge Männer aus Niedersachsen, Hessen, Bayern usw. Sie haben keine Ahnung von südbadischen Verhältnissen, und obendrein redet ihnen der Stuttgarter Polizeiminister Roman Herzog ein, sie hätten es am Kaiserstuhl mit »auswärtigen Gewalttätern« zu tun.)

Das Flugblatt gibt zu dem folgenden Text keine Melodie an. Wir haben eine Melodie hinzugefügt, die vermutlich aus dem 19. Jahrhundert stammt und unserer Meinung nach zum Charakter der Verse paßt.

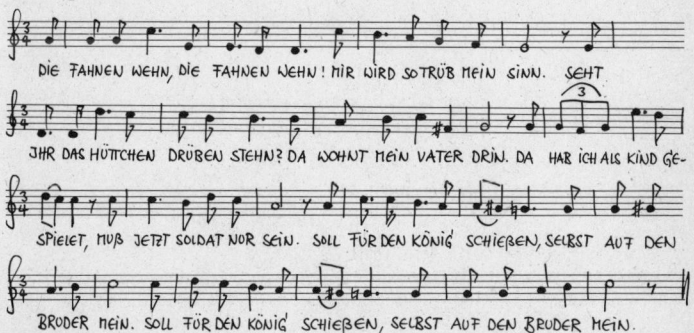

DIE FAHNEN WEHN, DIE FAHNEN WEHN! MIR WIRD SO TRÜB MEIN SINN. SEHT
IHR DAS HÜTTCHEN DRÜBEN STEHN? DA WOHNT MEIN VATER DRIN. DA HAB ICH ALS KIND GE-
SPIELET, MUSS JETZT SOLDAT NUN SEIN. SOLL FÜR DEN KÖNIG SCHIESSEN, SELBST AUF DEN
BRUDER MEIN. SOLL FÜR DEN KÖNIG SCHIESSEN, SELBST AUF DEN BRUDER MEIN.

1. Die Fahnen wehn, die Fahnen wehn!
   Mir wird so trüb mein Sinn.
   Seht ihr das Hüttchen drüben stehn?
   Da wohnt mein Vater drin.
   Da hab ich als Kind gespielet,
   Muß jetzt Soldat nur sein,
   Soll für den König schießen,
   Selbst auf den Bruder mein.

2. Kam'rad, mir wird das Herz so schwer,
   Mir wird so trüb im Mut,
   Mir ist, als trüg ich ein Mordgewehr,
   Zu schießen auf's eigene Blut.
   Ich schösse vielleicht den Vater,
   Den eignen Bruder tot,
   Kam'rad, ich könnt' nicht schießen,
   Und brächt' es mir den Tod.

3. Kam'rad, dort drüben im Felde stehn
   Der deutschen Brüder Reih'n,
   Die wollen lieber untergehn,
   Als länger Knechte sein.
   Kam'rad, die drüben fechten
   Für Freiheit und Männerrecht;
   Helf Gott mir, ich kann nicht kämpfen
   Als ein Tyrannenknecht.

4. Mein Vater, Deiner auch, Kam'rad
   Stehn drüben in der Reih!
   Wenn auch die Kugel träf, Kam'rad,
   Ein'n Bruder träf das Blei.
   Und läg er in seinem Blute
   Getroffen von meiner Hand,
   Es würde sein Fluch mich jagen
   Ohn' Ruh von Land zu Land.

5. Drum, wenn Du siehst die Fahnen wehn
   Kam'rad, vergiß mein nicht,
   Wenn drüben deutsche Brüder stehn,
   Kam'rad, dann schieße nicht.
   Dann denk, mein Bruder und Deiner

Stehn bei dem Volke dort –
Kam'rad, und wenn Du schössest,
Es wäre Brudermord.

Text: Anonym. Altenburg 1848.
Melodie: »Die Kugel traf, mich ruft der Tod«, als Volksweise bezeichnet,
           exakt in dieser Form von uns im 19. Jahrhundert nicht zu
           belegen. Tut uns leid. Wir fanden die Melodie passend.
           Wer sichergehen will, kann die Melodie vom »Deutschen Glaser-
           lied« benutzen. Dazu gab es seit 1825 ein Soldatenlied von
           Wilhelm Hauff, »Soldatenmuth siegt überall«.

Im Mai 1849 ist es dann passiert. In sämtlichen badischen Garniso-
nen liefen die Soldaten zum Volk über. Keine Tatsache hat die
Machthaber in den beiden Jahren so entsetzt wie die badische
Militär-»Meuterei«. Denn ohne die Militärmaschine, ohne die
willenlosen, zum Töten abgerichteten Kolonnen uniformierter und
bewaffneter Männer war kein Thron einen Pfifferling wert.
Der ins Ausland geflohene badische Großherzog konnte es nicht
fassen. Er verstand die Sache nur so, daß seine Tötungsroboter
vorübergehend unter Einfluß eines ihm feindlichen Willens geraten
waren. Daß die Soldaten aus eigenem Interesse und aus eigenem
Willen gehandelt haben könnten, der Gedanke kam ihm niemals in
den Sinn. In einem Aufruf an sein Volk vom 17. Mai 1849 ließ er
verkünden:

*Soldaten! Ich weiß, Ihr seid nur verführt worden durch alle Mittel
und Künste, die eine böse Absicht zum Verführen anwendet, und der
Verrat ist nicht aus Eurer Seele gekommen; sammelt Euch wieder um
die Fahne Eures obersten Kriegsherrn, und tut Ihr es ohne Zögern, so
sei das Geschehene vergessen und Euch volle Amnestie erteilt.*

Der Heidelberger Professor Kußmaul, damals Bataillonsarzt, versuchte sich die Sache später zu erklären, allerdings auch ohne den
Soldaten jemals eigene Interessen und eigene Gedanken zuzuge-
stehen:

*Wie konnte es kommen, daß die badische Armee, wie auf einen
Schlag, Pflicht und Eid vergaß, alle Manneszucht abwarf und mit
Sack und Pack ins Umsturzlager überlief, nachdem sie doch noch im*

Jahr zuvor bei den Aufständen von Hecker und Struve sich völlig zuverlässig erwiesen hatte? Der Ursachen waren es mehrere und es verlohnt sich, sie genau zu kennen.

In Baden bestand die Konscription, die Wohlhabenden konnten sich vom Militärdienste loskaufen, sogenannte Einsteher traten für sie ein. Die Einführung der allgemeinen Wehrpflicht machte dem Einstandswesen ein Ende; die badische Regierung schaffte es ab, nachdem sie die deutschen Grundrechte anerkannt hatte, die vom Parlament in Frankfurt aufgestellt und von der Reichsregierung verkündet worden waren. Bisher waren es fast nur gediente Soldaten gewesen, die Einstandsverträge abgeschlossen hatten, die meisten Unteroffiziere waren Einsteher, sie konnten, wenn sie aus dem Heere schieden, mit dem erworbenen Kapital bürgerliche Geschäfte gründen. Die Änderung schädigte die Unteroffiziere und erregte große Unzufriedenheit, die Regierung versprach Entschädigung durch Löhnungszulagen, säumte aber zu lange mit der Erfüllung ihres Versprechens.

Ein zweiter Grund lag gleichfalls in einer Verfügung der Reichsregierung, der die badische nachkam, die Aushebungsziffer wurde von 1% auf 2% erhöht. Dadurch kamen auf einmal zu viele Rekruten ins Heer, Leute, der Manneszucht ungewohnt und der Verführung leicht zugänglich. In vielen Köpfen gärte es von unverdauten Freiheits- und Gleichheitsideen, manche eben eingestellte Rekruten hatten sich schon an den Aufständen von 1848 beteiligt.

Schlimmer noch, als diese Verhältnisse, mußte das ewige Umherziehen und Wechseln der Quartiere in dem aufgewühlten Lande den soldatischen Geist der Truppen schädigen. Da die allgemeine Wehrpflicht noch nicht ausgleichend gewirkt hatte, war die soziale Kluft zwischen Befehlenden und Untergebenen ohnehin weit größer als heute, jetzt gewannen die Offiziere die Fühlung mit ihren Leuten noch schwieriger. Aufsicht und Unterweisung der Mannschaft litten Not. Überall winkten in dem Weinlande die Wirtsschilder, lauerten gefährliche Verführer und predigten schlimme Lehren vom bedingten Soldatengehorsam, der freien Wahl der Offiziere, verhießen goldne Berge als Lohn für den Abfall.

Das Schlimmste endlich verschuldete die Regierung, als sie, auf die Grundrechte hin, den Soldaten das Recht bewilligte, Versammlungen unter sich abzuhalten und über ihre Angelegenheiten frei zu beraten. Damit brach der Boden der Disziplin ganz zusammen.

Wie wir wissen, konnte der badische Maschinenschaden behoben werden. Die preußische Militärmaschine, ganz auf der Höhe von Kriegswissenschaft und Sozialtechnik, war nicht anfällig für Freiheitsideen und Wein, Verführer und Verführerinnen. Pflichtbewußtsein, Disziplin, Zucht, Ordnung, Kadavergehorsam empfahlen sich als künftige deutsche Reichstugenden.

Nachtrag:
Die Militarisierung der gesamten Gesellschaft, die nach preußischem Muster ab 1871 einsetzt, ist nur ein Bein, auf dem die neue deutsche Nation marschiert. Das andere ist die moderne Fabrikdisziplin. Über deren Auswirkungen eine Anekdote aus Eßlingen. Dort fand am 21. 3. 1848 eine Katzenmusik statt, aber:
. . . »als (versehentlich) das städtische Alarmzeichen, ein Kanonenschuß von der Burg, gegeben wurde, hatte dies:

zur Folge, daß die Arbeiter der Maschinenfabrik und der Fabrik von Gebrüder Hardtmann, welche Instructionsmässig gehalten sind, sobald das Feuersignal gegeben werde, ihrer Fabrik zuzueilen, sich wirklich auch eiligst dahin verfügten und daß viele ruhige Bürger sich auf dem Marktplatz einfanden, die dann leichter ermahnt werden konnten auseinander zu gehen als die Tumultanten, wenn solche in ihrer ursprünglichen Organisation bei einander geblieben wären.

Ganz nebenbei ist dies auch noch ein anschaulicher Beleg dafür, wie direkt und unmittelbar die Fabrikdisziplin auch in den (politischen) Alltag der Arbeiter hineinwirkte: Die Fabrikordnungen sahen im Falle der Nichteinhaltung dieser Regel Strafen vor bis hin zur Entlassung!«

Asche und Tschingderassabum

Im Oktober 1848 ließ Feldmarschall Alfred Fürst zu Windischgrätz im Namen des österreichischen Kaisers Ferdinand (des »Gütigen«) die Kaiserstadt Wien in Brand schießen. Der Windischgrätz hatte – im Gegensatz zum Kaiser Nero – kein ästhetisches Interesse an der Sache, ihm lag bloß daran, die revoltierenden Untertanen mit dem Soldatenstiefel wieder in den Dreck, die Armut und die Unfreiheit zurückzukicken.

Er hat den Bluthund gemacht, während die Hofkamarilla in Olmütz Walzer tanzte.

Der Fall des revolutionären Wien hat die Zeitgenossen furchtbar getroffen, viele mochten die Nachricht nicht glauben, geschweige denn weiterverbreiten. Am 31. Oktober fand in Wien die Katastrophe der 48er Revolution statt.

Die Kaiserliche Armee (70 000 Mann, 200 Geschütze) schloß am 24. Oktober den Belagerungsring und brach am 31. den letzten Widerstand. Die Verteidiger waren etwa 30 000 bis 40 000 Mann, davon etwa 20 000 bürgerliche Nationalgarde, die sich in den vorangegangenen Monaten als Hüter der Ordnung und des Eigentums vor allem gegen die niederen Klassen gestellt hatte. In der entscheidenden Oktoberwoche hielten sich die Einheiten der Nationalgarde unterschiedlich, manche schwankend oder verräterisch, andere entschlossen. Von den 1000 Kämpfern der akademischen Legion wird berichtet, sie hätten sich »heldenhaft« geschlagen. Die aber bis zum Schluß aushielten, waren die »Mobilgarden«, zusammengestellt nach dem 6. Oktober, d. h. nachdem sich das Proletariat durch die Erstürmung des Zeughauses Waffen verschafft hatte. Ihren Kern bildeten die Arbeiter und Gesellen der Vorstädte.

In den Vorstädten tobte sich dann auch die Rache der Sieger am schlimmsten aus. Über diese Wohnquartiere wurde im Umkreis von 15 Kilometern der Belagerungszustand verhängt. Das Denunzieren und Verhaften und Erschießen nahm kein Ende. Wer aus dem Stadtgebiet aufs Land floh, fiel unter Umständen den Soldaten des berüchtigten Schlächters Jellačič in die Hände. Das bedeutete in vielen Fällen sadistische Quälereien und Mord.

Aus der Wiener Johannagasse bei der Hundsturmlinie (heute V. Bezirk) gab es Augenzeugenberichte über die »Befreiung« Wiens:

Die Soldaten drangen in die Häuser ein, raubten und stahlen, was ihnen in die Hände fiel, mißhandelten die Bewohner, vergewaltigten die Frauen und Mädchen, und zündeten dann zahlreiche Häuser an. In dieser einzigen Gasse wurden siebenundfünfzig Menschen aus den nichtigsten Anlässen erschossen und erschlagen. Der Grund dafür war in den meisten Fällen die Erbitterung darüber, daß man bei diesen armen Webern, Kleingewerbetreibenden und Arbeitern die erhofften Schätze nicht vorfand. Dazu wurde noch mindestens ein weiteres Dutzend der Bewohner dieser einen Gasse in das Lager abgeführt, wo die meisten gleichfalls erschossen wurden.

(Die Herren Offiziere, die ihre Soldaten dazu verhetzt haben, das arme »Gesindel« abzuschlachten, werden etwas später zu den Klängen des Radetzky-Marsches über die Straßen Wiens paradieren, hübsch herausgeputzt, sauber, fesch.)

Im November 1848, also noch während des Belagerungszustandes, als sich kein Mensch ein freies Wort trauen durfte, veröffentlichte der Wiener Volkssänger August Betz das Flugblatt-Lied vom »Wiener Aschenmann« (Druck bei Franz Barth). Die Melodie und das Muster der Refrain-Zeile hat Betz vom »Aschenlied« des Wurzel aus Ferdinand Raimunds populärem Zaubermärchen »Der Bauer als Millionär« (Uraufführung 1826) übernommen. Raimunds Original-Aschenmann spielt mit dem traditionellen Totentanz-Motiv: »Angesichts des Todes erkennen wir die Eitelkeit der Welt . . .«:

> So Mancher steigt herum,
> Der Hochmuth bringt ihn um;
> Trägt einen schönen Rock,
> Ist dumm als wie ein Stock.
> Vom Stolz ganz aufgebläht –
> O Freundchen, das ist öd.
> Wie lang stehts denn noch an,
> Bist auch ein Aschenmann.
> Ein Aschen! Ein Aschen!

Das Flugblatt-Lied des August Betz redet nicht von der Zukunft aller Sterblichen, es redet von der Gegenwart. Große Teile Wiens, vor allem die Vorstädte, liegen ja schon in Schutt und Asche. Und Betz breitet nicht allgemeine Lebens- und Todesphilosophie aus, er stochert schmerzhaft 15 Strophen lang im Schutt herum: Da schau

her, den Ort haben sie verbrannt, und jenen dort auch, und da
drüben die Häuser . . . Vermutlich hat für die Wiener im November
1848 schon der bloße Klang der Ortsnamen alle Greuel ins Bewußt-
sein gerufen, welche die Kaiserlichen in ihrer Stadt begangen
haben.

Einige Hinweise zum Textverständnis:
»Die Linie von St. Marx« meint den Kern der Wiener Befestigungen,
den Linienwall zwischen St. Marx und Lichtental (Strophe 2 und 7).
Der Wall war 3,79 Meter hoch und ebenso breit. Davor lag ein
2,85 m breiter Graben. Die Ausfallstraßen konnten durch Gitter
gesperrt werden. In den verschiedenen Vororten, erinnert der
Sänger, wohnten vor allem die ärmeren Leute, die von den vorangegangenen Hungerkrisen am schlimmsten betroffen worden waren.
Nun waren sie obendrein auch obdachlos (3, 7). Matzleinsdorf (4)
war der südlichste Punkt des Kampfgeschehens vom 25. und
26. Oktober. Der Lerchenfelder Wall (5) gehört ebenfalls zur Linie
und wurde am 28. erobert. Bei Nußdorf (8) begannen die Feindse-
ligkeiten am 23., und dort wurde der Belagerungsring am 24.
geschlossen. Die Vorstadt Franzallee (10) stand am 28. in Flammen.
Die Legionäre haben noch aus der brennenden Dampfmühle an der
Donau die beträchtlichen Mehlvorräte für die Bevölkerung gerettet.
Im Vorort Jägerzeil (11) stand eine umkämpfte Barrikade, die
schließlich von den Batterien der Kaiserlichen in Brand geschossen
wurde. Am Burgtor (12) leisteten die Mobilgarden noch am 31. Oktober erbitterten Widerstand, der erst zusammenbrach, als die
Kaiserlichen das ganze Tor zertrümmerten. Alle Wiener Friedhöfe
(13) wurden im Lauf der Kämpfe als Stützpunkte genutzt. Im
Gloggnitzer (14) und Brucker Bahnhof sowie hinter den Bahndäm-
men und in den beiden Friedhöfen hatten sich die Mobilgarden
verschanzt. Am 28. Oktober verließen sie erst nach siebenstündiger
Kanonade die brennenden Gebäude und zogen sich auf die Linie
zurück.
Über die letzten drei Strophen können wir nur spekulieren. Ist da
wirklich eine Versöhnung mit dem Militär gemeint? Oder drückt
sich eine grimmige Befriedigung darüber aus, daß von der Soldateska viele »jetzt a nix Ander's sein – als – an Aschen!«? Man kann es so
oder so singen . . .
Außerdem: Ist das ernst gemeint, wenn Betz sagt: »Es sei . . .
vergessen das Geschick« und »denk ma nimmer drauf«, nachdem er
15 Strophen penetrant gegen das Vergessen angesungen hat?

Wiener Straßenszene. 1835.
Links studiert ein gemischtes
Publikum die Veranstaltungs-
anzeigen (»mechanisches
Krippenspiel«, »Réunion« mit
dem Walzer-Meister Lanner,
»Othello«, »Freyschütz«);
vorn links, der Schusterjunge,
wie üblich barfuß; rechts in
der Gruppe der »Confident«,
der Spitzel, der mit dem Lor-
gnon zur Gruppe rechts hin-
überstarrt. Er hat Grund.
Denn dort verkauft eine der
Wiener »Liederweiber« den
Frauen Liedflugblätter nebst
einer Blume. Im Hintergrund
ein Invalide in Uniform.

(Nr. 81.)

Der

Wiener Aschen-
mann.

Eigenthum und im Verlag bei Franz Barth,
Mariahilf, kleine Kirchengasse Nr. 28 in Wien.

Ein Zeitgedicht

zur Erinnerung an die Wiener Oktobertage des
Jahres 1848.

Verfaßt vom Volkssänger

August Betz.

Nach der Melodie des Aschenmannes

von

Ferdinand Raimund.

D. 41.

DIE WELT WAR EINST GEWISS A REINES PARADIS, MAN HAT VON NIX WAS
GWUSST, ALS NUR VON FREUD UND LUST. DOCH WAS I SAG IS WAHR; DORCHS ACHTUND —
VIERZGER JAHR JS VIEL AUF DIESER ERD AN MEN-SCHEN UND AN WERT JN
A — SCHEN. AN A — SCHEN.

1.

Die Welt war einst gewiß
A reines Paradies,
Man hat von Nix was g'wußt,
Als nur von Freud und Lust;
Doch was i sag' — is wahr:
Durch's Achtundvierz'ger Jahr
Is viel auf uns'rer Erd'
An Menschen und an Werth — in Aschen! —
      an Aschen! —

2.

Richt' man den Blick auf Wien
Und die Verwüstung hin,
Was wir da hab'n erfahr'n
Gschicht net in Tausend Jahr'n! —
Die Linie von St. Marx,
Das war doch gwiß was Arg's?
's is g'schossen wor'n und brennt,
Man hat fast nix mehr kennt — vor Aschen! —
      vor Aschen! —

3.

Und dann am neuen Grund,
Da waren viel verwundt,

Die Häuser, wer sie kennt —
War'n d'Meisten niederbrennt! —
A Unglück für dö Leut
In derer theuern Zeit,
Wo eh a große Noth
Um's liabi Stückerl Brod — alles Aschen! —
               an Aschen! —

4.

Hernach bei Matzelsdurf
Da hab'n beim ersten Ruaf
Die Kämpfer sich vereint,
Weil sie zu siegen g'meint;
Doch Gott hats anders woll'n,
Sein Machtspruch hat befohl'n:
Die Häuser groß und klein —
Die sollen Alle sein — an Aschen! —
               an Aschen! —

5.

Dann drüb'n im Lerchenfeld
Hat weiter sunst nix g'fehlt,
Als nur a klaner Wind,
Hätt' Alles sich entzünd't;
Von links und rechts und vorn
Ist dorten g'feuert wor'n,
Doch weiter ist nix g'scheg'n,
Zwa Häuserln san nur g'leg'n — in Aschen! —
               in Aschen! —

6.

Am Bratenfeldergrund
Glei an der Linie unt
Das Haus war so verritzt,
Daß 's Pelz' hab'n unterg'stützt;
Durch's viele, starke Knall'n
Wars bald zusammengfall'n,

Doch is 's des Glückes Spiel —
Durchaus war dort net viel — in Aschen! —
in Aschen! —

7.

Dann drunt im Liachtenthal
Glei vorn beim Linien=Wall
Seins durcheinanderg'rennt,
Wia d'Häuser so hab'n brennt! —
Es is a harte Tour,
Für so Leut Uebel gnua,
Wanns eh' beinah nix ham
Und 's fallt no Alles z'samm — in Aschen! —
in Aschen! —

8.

Und gegen Nußdorf 'naus,
Da steht 's Aug'=Gottes=Haus,
Doch net in Gottes Hand,
Denn 's war a großer Brand,
Feldmüllers Holzverlag
Is an demselben Tag
Beim Donauufer vorn
Nebst mehrer'n Häusern wor'n — an Aschen! —
an Aschen! —

9.

So mancher Klageton
Kam aus dem Odeon! —
's hat ausg'schaut ohnedem,
Rein, wia Jerusalem! —
Der ganze, schöne Werth
Is da g'leg'n auf der Erd'! —
Der große Freudensaal
Is an für allemal — in Aschen! —
an Aschen! —

10.

Denkt man an d'Franzallee!
Wem thuat da 's Herz net weh?!! —
Die schönsten Häuser drunt
Sein ausbrennt ob'n und unt! —
Von drüben und herüb'n
Is kaum was übrig blieb'n,
's war All's von draust und drinn
Bis zu der Dampfmühl hin — an Aschen! —
an Aschen! —

11.

Betracht' ma nur a Weil
Sodann die Jägerzeil! —
Da find't ma manche Spur,
Wo man wird staunen gnua! —
Die Häuser unt am Eck
Sein beide schrecklich lek —
Von 'n G'schütz total verwund't
Is Jed's bis auf den Grund — an Aschen! —
an Aschen! —

12.

Beim Burgthor bei dem Sturm,
Da is a ganzer Surm
Kroaten niederg'fall'n,
Wia's drinn hat ang'fangt z'knall'n! —
Das Burgthor meiner Ehr
Sah dann ganz anders her,
Und auf dem Josefsplatz
War a ka klaner Schatz — in Aschen! —
in Aschen! —

13.

Die Kirchhöf' um d'Stadt Wien
War'n a so ziemlich hin! —
Jed's Kreuz, jed's Monument

Beinahe hab'ns verbrennt! —
Drum paßt die Grabschrift guat:
„Derselbe, der da ruat,"
„Der ruat in Gottes Nahm'"
„Mit Allen hier zusamm — in Aschen! —
                            in Aschen!" —

14.

Die Wien=Gloggnitzerbahn
War a recht übel d'ran;
Der Hof, da Kreuz und quer
Wia d'Stall' vom Belveder;
Kurz um die Wienerstadt —
Wer Alles g'seg'n hat, —
Der überzeugt sich fest,
A großer Theil is g'west — in Aschen! —
                            an Aschen! —

15.

Ihr Männer der Stadt Wien:
Blickts auf die Plätze hin! —
Schaut euch das Elend an,
Was 's Schicksal uns gethan! —
Du liaber, guater Gott!
Bist Helfer in der Noth! —
O! Schau amal daher
Und schick uns nimmermehr — den Aschen! —
                            nur kan Aschen! —

16.

Und unser'n Militär
War doch dabei a schwer!
Es is a alte Gschicht,
Von Eisen is ihr Pflicht;
Man rechne nur dazua,
Daß's g'wieß hab'n g'litten gnua,
Daß Manche, groß und klein

Jetzt a nix Ander's sein — als — an Aschen! —
an Aschen! —

17.

Drum reichet stets dem Stand
Die treue Bruaderhand;
Es sei zu uns'rem Glück
Vergessen das Geschick,
Denn drunt im engen Haus
Is jeder Groll dann aus;
Da hat dann von Natur
Sunst Kaner was bevur — als — an Aschen! —
an Aschen! —

18.
Repetition.

Doch denk ma nimmer drauf,
Es is der Zeitenlauf,
Der Alles das hat bracht
Durch eine höh're Macht! —
Der Menschheit, die bedrängt,
Sei unser Mitleid g'schenkt;
Wie lang' steht's denn noch an,
So sein ma Alle z'samm' — an Aschen! —
an Aschen! —

Text: August Betz, 1848.
Melodie: Joseph Drechsler, 1826.

Und schließlich: Wer ist die »höh're Macht«, die an allem schuld ist? Muß der Leser unbedingt an den Thron Gottes denken, oder bleiben seine Gedanken vielleicht eine Etage tiefer stehen, am Habsburgerthron? Honi soit qui mal y pense.

Wir wissen nicht, wie viele Flugschriften mit dieser Liedversion verkauft wurden, aber wir wissen, daß kurz darauf eine sehr viel kürzere und offenbar »gereinigte« Fassung des »Aschenmann« erschien, diesmal gedruckt bei Anton Leitner. Diese Fassung hat nur noch 6 Strophen, und außer dem Lerchenfelder Wall kommt überhaupt keine Ortsbezeichnung mehr vor! Statt dessen bemüht sich jetzt der Verfasser um Ausgewogenheit. Nicht nur die Häuser der Armen, sagt er, sind verbrannt, sondern auch das Haus vom Baron Dietrich. Woraus wir entnehmen können, daß das Leid allgemein menschlich ist und keinen Grund zu weiterer Empörung geben darf.

Es ist eben schwer für einen Liedermacher, Klartext zu reden, wenn ihm das Messer an der Gurgel sitzt.

Die kaiserlichen Brandstifter bedienten sich im Oktober '48 einer Waffe, die den Wienern bisher nur aus triumphierenden Zeitungsberichten bekannt war, der Kriegsrakete. Diese Raketen funktionierten nach dem simplen Prinzip der Feuerwerksraketen, waren aber so konstruiert, daß man vorn eine Granate oder Kartätsche oder einen Brandsatz draufsetzen konnte. Erprobt und serienweis hergestellt wurden sie seit 1816 in der Wiener Neustadt und bedient von den Elite-Truppen der Raketencorps.

Der erste Test dieser Waffe im Großeinsatz fand im März 1848 statt – allerdings nicht in Österreich, sondern Italien, während des Barrikadenaufstandes der Mailänder gegen die Habsburger Fremdherrschaft. Der österreichische Feldmarschall Radetzky hatte in seinen 82 Lebensjahren noch nicht genug Grausamkeiten verübt, jetzt ließ er mitten im Stadtgebiet Brandraketen abschießen. Aber die Mailänder Revolutionäre sangen den Gefangenenchor aus Verdis Nabucco »Va pensiero sull 'ali dorate« und schmissen zunächst einmal die Besatzer aus der Stadt. Radetzkys Armee brandschatzte Oberitalien, beschoß dabei Goito, Curtatone, Udine und Vicenza mit Raketen, siegte schließlich und zog am 6. August 1848 wieder in Mailand ein. Radetzky verstand sich laut eigener Proklamation als »Befreier von einer revolutionären und thyrannischen Herrschaft«. Das patriotische Österreich jubelte. Die Aristokratie und die Bourgeoisie jubelten aus Geschäftssinn, sie dachten an die Reichtümer

III/87 Brand der Wiener Bibliothek nach der Einnahme der Stadt durch die Truppen von Windischgrätz

der Lombardei. Die kleinen Leute jubelten aus chauvinistischer Verblendung, und anderthalb Monate später bekamen sie die Quittung serviert. Da standen nämlich Truppen des Raketencorps vor und mitten in Wien, und diesmal brannten nicht die Wohnungen der Spaghettifresser, sondern ihre eigenen. Eigentlich durfte das niemanden überraschen. Radetzky hatte ja eindeutig versprochen, nicht nur in Italien, sondern auch in Österreich die Revolution niederzuschlagen. Zwar hat ihm schließlich Windischgrätz die Mühe der Schlächterei in Wien abgenommen, aber ohne den Sieg in Oberitalien wär Wien nicht oder jedenfalls nicht so schnell gefallen.

Radetzky überlebte die 48er Revolution um 10 Jahre, sein Name ist heut noch geläufig, und absurderweise hat er einen guten, volkstümlichen Klang. Aus dem Edelsöldner Habsburgs ist Papa Tschingderassabum geworden.

Das hat mit seiner Marschmusik der Johann Strauß getan. Johann Strauß der Ältere haßte die Revolution, weil sie seine Geschäfte störte. Er verkaufte Heiterkeit, Sentimentalität, Feierabend-Zufriedenheit, kurz: Unterhaltungsmusik, und verdiente gut, während der Pöbel hungerte. Er war, schreibt das MGG, »der stärkste Motor, der dem Unterhaltungsbedürfnis Wiens Vorschub leistete, ein Manager des Fest- und Ballwesens, der immer neue Ideen für ›Erlustigungen‹ aller Art, womöglich mit Illumination und ›allegorischem Feuerwerk‹, produzierte und sie durch Verhandlungen mit Gastwirten, Tanzetablissementbesitzern und Musikalienhändlern in die Tat umsetzte«.

Als die k. u. k. Gemütlichkeit auf den Wiener Schutt-Bergen wieder einzog, bedankte sich der geschäftstüchtige Musikalienhändler Strauß bei jedem der großen Schlächter einzeln: bei Windischgrätz mit einem »Jubelmarsch« (op. 245), womit er »der Freude über die Befreiung Wiens« Ausdruck verleihen wollte, und beim Kroaten-General Jellačič mit dem »Jellačič-Marsch« (op. 244). Die Hommage für Radetzky hatte er schon nach den Siegen in Italien fertiggestellt (op. 228).

Der Radetzky-Marsch war für die Konterrevolution eine sehr brauchbare Musik. Denn nach dem Oktober '48 ging es ja nicht nur darum, die Errungenschaften der Revolution zu vernichten und die Erinnerungen an den Aufstand auszulöschen, sondern das Image des Militärs mußte wieder aufpoliert werden. Die Leute sollten nicht mehr an Mord und Brand denken, nicht an Kerker, Erschießung,

Vergewaltigung, aufgerissene und brennende Leiber, nein, sie sollten Lebenslust verspüren, Operetten-Gefühle, Glanz und Champagner, wenn die k. u. k. Modepuppen durch die Straßen ritten. Und tatsächlich, keine Marschmusik ist zu diesem Betrug so geeignet, keine Marschmusik versteckt die Wirklichkeit von Militarismus und Krieg so genial hinter musikalischem Flitter wie der Radetzky-Marsch. Strauß bringt es sogar fertig, den Marsch-Tritt im Takt hinter Walzerfiguren in der Melodie zu verstecken. Kein Wunder, daß dieses Stück bis auf den heutigen Tag ständig eingesetzt wurde, daß Papa Tschingderassabum den Aschenmann total überstrahlt hat.

Nachtrag:
In der Familie Strauß gab es natürlich auch den typischen bürgerlichen Vater/Sohn-Konflikt des Jahres 1848. Strauß Junior komponierte im tollen Jahr Märsche und Polkas für die Freiheitlichen, u. a. einen »Revolutionsmarsch« und einen »Studentenmarsch«. Sowas trug ihm der Hof lange nach. Aber, schreibt das MGG, »er machte es durch viele dem Kaiserhaus geltende musikalische Huldigungen wieder gut«.
»Ja, das alles auf Ehr!
Das kann ich, und noch mehr . . .«

». . . dem drückt der Preuß die Augen zu . . .«

Im Jahre 1849 existierte knapp zweieinhalb Monate lang eine badische Demokratie. Es war keine freundliche Demokratie, denn sie wurde sofort in einen Verteidigungskrieg gezwungen. Aber sie hat offenbar noch einmal große Hoffnungen und Leidenschaften geweckt, sonst hätten nicht so viele Menschen ihr Leben dafür eingesetzt. Die Sache ging schlecht aus.

Am 23. Juli übergeben die Verteidiger der Festung Rastatt diesen letzten Stützpunkt der Demokratie an die preußische Übermacht. »Auf Gnade und Ungnade« heißt die Formel – aber was sich in ganz Baden austobt, ist nicht »Ungnade«, sondern die Rache der Sieger, die Rache der Oberen an den rebellischen Unteren. Die Soldaten werden in den feuchten Löchern der Rastatter Kasematten eingeschlossen, wo dann auch noch Typhus ausbricht. Die Kriegs- und Standgerichte verurteilen mindestens 65 Angeklagte zu 10 Jahren Zuchthaus. (Baden hat für die Revolutionäre ein modernes Zellengefängnis in Bruchsal bauen lassen. Dort wird nach der aus Pennsylvanien importierten Methode Einzelhaft praktiziert.)
Zwischen dem 31. Juli und dem 20. Oktober krachen insgesamt siebenundzwanzigmal die Gewehrsalven der Erschießungskommandos in Freiburg und Rastatt und Mannheim. Über die Soldaten, die bei der Gefangennahme ermordet werden, über beiläufige Verhaftungen und Enteignungen und Ausweisungen, oder über das alltägliche Elend und die Demütigung unter der Besatzung gibt es keine statistischen Angaben mehr.
Eine Armee von 60 000 Mann (Preußen und Hilfstruppen) mit 125 Geschützen hat Baden erobert. 18 000 preußische Besatzer bleiben fünfzehn Monate lang im Land. Der Belagerungszustand gilt bis 1852. Die vom Freiheits-Bazillus infizierten badischen Regimenter werden zur Umerziehung nach Pommern und Brandenburg verlegt. Und schließlich verlangen die Preußen auch noch über zweieinhalb Millionen Taler Honorar für die Kolonisierung Badens.
Die alte Macht, d. h. der Hof des Großherzogs Leopold, etabliert sich wieder in Karlsruhe als preußisches Marionetten-Regime. Ein preußischer Generalstabsoffizier beschreibt die Szene in einem Brief vom 20. August:

Gestern sind der General, seine beiden Adjutanten und ich von einem kurzen Aufenthalt in Carlsruhe zurückgekehrt, wohin uns der Befehl, dem Einzuge des Großherzogs beizuwohnen, geführt hatte. . . . So zog der wirklich brillante Zug, in dem unsere Generäle, eine große Anzahl badischer Offiziere, desgleichen viele Offiziere unserer Armee aller Truppengattungen, Hessen, Mecklenburger u.s.w. ritten, vom Thor nach der Kirche, und nach der Feier in derselben wieder nach dem Schloß; der Großherzog sprach dem Prinzen von Preußen öffentlich seinen Dank aus und überreichte ihm das Großkreuz des Militär-Verdienstordens. Die Rede gab den vollen Ausdruck der Empfindung und war deshalb so durchaus wohltuend. Das vielleicht Drückende und Demütigende, welches dieser Act so leicht für den Großherzog hätte haben können, verlor diesen Charakter vollständig durch die Haltung unseres Prinzen, der mit einem bewundernswerten Tacte und seiner anspruchslosen Bescheidenheit nur wie der General dastand und, in diesem Sinne antwortend, Alles abwies, was ihn hätte als den Thronerben jener Macht erscheinen lassen, die Baden eben unter ihre Fittige genommen. – Man eilte nunmehr wieder hinunter; die Parade begann.

In der sehr hübschen Localität, dem Schloßplatz, von Bäumen und Orangestöcken eng besetzt, nahm sich die Aufstellung der Truppen, sechs Bataillons Preußen, ein Bataillon Nassauer, eine preußische Batterie und vier Schwadronen Husaren, die Carlsruher Bürgerwehr und die badischen Dragoner, sehr gut aus. Der Prinz führte die Parade selbst vor. –

Nach Beendigung derselben wurden Orden verteilt. Um drei Uhr war großes Diner. Bei ersterer Gelegenheit speiste ich nicht mit, desto gründlicher bei der zweiten. Die Orden genossen nur unsere Generäle und die Umgebung des Prinzen. Wir werden auch wohl noch daran kommen.

Der feine Herr Generalstabsoffizier, der über Leichen reitend sein Auge fest auf Orden, Gala-Diners und Orangestöcke heftet, hat den wichtigsten Sachverhalt sehr genau bemerkt: Da ist »jene Macht«, der Raubstaat Preußen, die Baden gerade »unter ihre Fittige« genommen, und der Erbe jener Macht ist dieser Prinz von Preußen, und der läßt es die Karlsruher Lakaien noch nicht so richtig spüren, jedenfalls öffentlich nicht . . .

Die Karlsruher Dynastie hat sich dem Kartätschenprinzen gegenüber als getreulich schweifwedelnde Rasse bewährt. Als der Preuße 1871 zum ersten deutschen Kaiser gekrönt wurde, durfte Leopolds

Sohn Friedrich im Spiegelsaal von Versailles als erster deutscher Fürst sein »Hoch!« ausbringen. Auf den Abbildungen jener historischen Szene haben die betreffenden Herren sämtlich sauber geputzte Uniformen, Orden und Säbel-Messer. Kein Blutfleck ist zu sehen, kein Blut der Kommunarden von Paris, kein Blut der deutschen und französischen Soldaten, nicht mal ein kleiner Rostfleck von 1849.

Herbst 1849, Straßburg.
Während sich der badische Hof wieder im Karlsruher Schloß einrichtet, und während sich Geschäfte und Kulturleben der badischen Großbourgeoisie wieder beleben, verlassen Zehntausende das Land. Insgesamt 80 000 Menschen, sagen die Quellen, verlassen resigniert ihre badische Heimat und wandern aus nach Nordamerika. Tausende flüchten vor Exekutionskommandos und Knast in die Nachbarländer, traditioneller Brückenkopf ist Straßburg.
Aber die Lage der Asylanten in Frankreich hat sich seit dem Februar 1848 entschieden verschlechtert.
Kurz nach der Februar-Revolution haben die Erklärungen der neuen bürgerlichen Regierung noch so geklungen:

1848 (Moniteur 9. April.) Auf Antrag der Regierungskommission für die Arbeiter, im Hinblick darauf, daß der leitende Grundsatz der siegreichen Republik der Grundsatz der Brüderlichkeit ist, daß wir gekämpft und gesiegt haben im Namen und zum Vorteil der gesamten Menschheit, daß der Name Mensch an sich etwas Unverletzliches und Erhabenes hat, das die Verschiedenheit des Vaterlandes nicht beseitigen kann, daß es überdies Frankreichs ruhmreiche Eigenart ist, seine natürliche Veranlagung, seine Pflicht, von allen Völkern seine Siege und gegebenenfalls auch seine Schmerzen segnen zu lassen, daß, wenn es augenblicklich viele Fremde ernährt, eine noch größere Anzahl von Landsleuten in Deutschland, in der Schweiz, in Amerika, in den entferntesten Gegenden lebt, daß es gleichzeitig ein Unglück und eine Schande wäre, durch die Verstoßung unserer fremden Brüder Gegenmaßregeln hervorzurufen, stellt die provisorische Regierung die in Frankreich beschäftigten fremden Arbeiter unter den Schutz der französischen Arbeiter und vertraut dem Edelmut des Volkes die Ehre der gastfreundlichen Republik an.

Von diesem Pathos der Brüderlichkeit und der Universal-Republik ist im Herbst '49 nichts mehr zu spüren.

– Der Zug der »demokratischen Legion« mit Emma und Georg Herwegh von Paris über Straßburg nach Baden (März '48) hat sowohl in Straßburg böses Blut gemacht als auch zu außenpolitischen Verwicklungen geführt (»Franzosenlärm«).
– Im Juni '48 hat die Pariser Regierung nach der Schließung der Nationalwerkstätten den Aufstand des empörten (weil nunmehr arbeitslosen) Proletariats blutig niedergeschlagen; jetzt fürchten die Politiker eine Zunahme der Arbeitslosigkeit, wenn deutsche Arbeiter und Gesellen nach Frankreich strömten, und eine Verschärfung der politischen Instabilität, wenn deutsche (linke) Asylanten das Pariser Unruhe-Potential vergrößerten.
– Seit Dezember '48 ist der Neffe Napoleons, Louis Bonaparte, Prinz-Präsident der Republik und plant den Staatsstreich, er kann also keinen außenpolitischen Ärger brauchen, besonders nicht an der Rheingrenze. Die Ideale der Weltrepublik sind Schnee vom letzten Jahr. Flüchtlinge sind unerwünscht.

So liegen Herbst '49 in Straßburg verschärfte Weisungen aus Paris gegen Ausländer vor, und zwar nicht nur gegen Asylanten, sondern auch gegen bloß durchreisende Fremde.
Die Flüchtlinge, die in Baden den Preußen entkommen sind, haben schlechte Karten in Straßburg. Es geht ihnen etwa so wie den Chilenen nach dem 11. September 1973 in Baden-Württemberg. Sie kriegen keine Arbeit, keine Aufenthaltserlaubnis, werden diffamiert und haben kein Geld. Also versuchen sie, sich selbst zu helfen. Ein Dichter z. B. schreibt ein Gedicht. Ein professioneller Musiker vertont es. Ein Zeichner verfertigt ein Deckblatt. Ein französischer Sympathisant druckt das Ganze. Vielleicht wird das Werk auch bei einer Benefizveranstaltung zur Aufführung gebracht und als Druck anschließend verkauft. So wird einerseits etwas Geld zusammengekratzt, andererseits bekommen die interessierten Straßburger einen Eindruck von der schlimmen Lage in Baden.

In der Straßburger Bibliothèque Municipale hat Barbara ein solches Blatt gefunden: gedruckt bei E. Lemaître, Spießgasse 22, Straßburg. Als Zeichner firmiert J. Vogel. Gedicht und Musik anonym. Anmerkung auf dem Deckblatt: »Zum Besten deutscher politischer Flüchtlinge«.

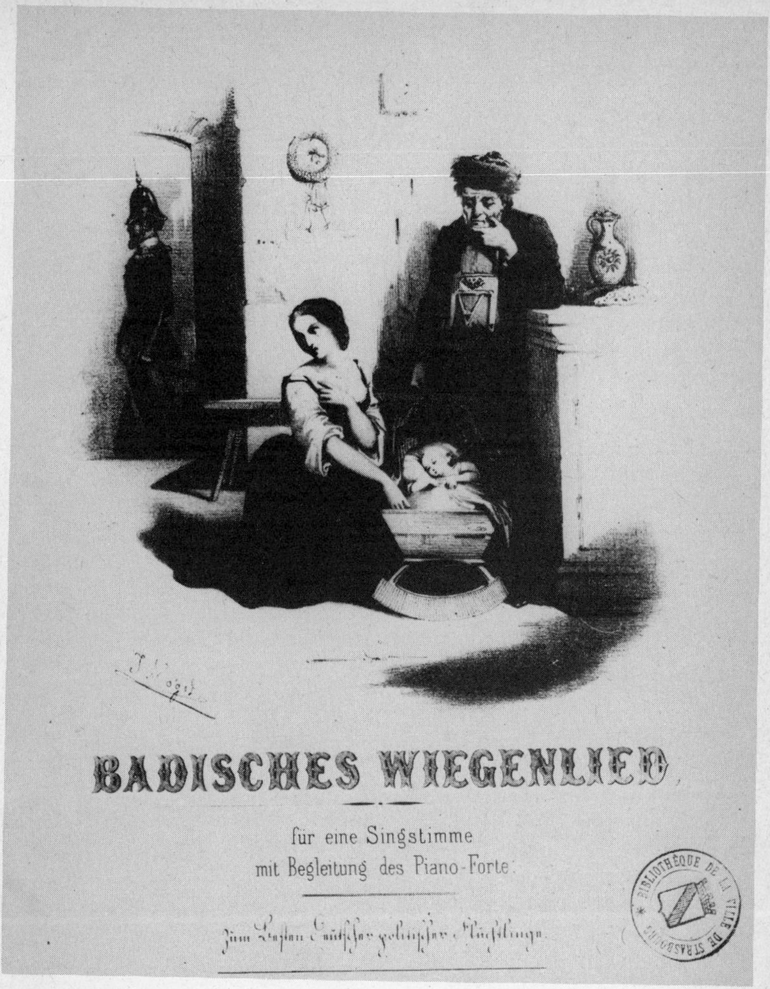

BADISCHES WIEGENLIED

für eine Singstimme
mit Begleitung des Piano-Forte.

Zum Besten deutscher politischer Flüchtlinge.

BADISCHES WIEGENLIED

Larghetto

Schlaf' mein Kind schlaf leis', dort draussen geht der Preuss', deinen
Schlaf' mein Kind schlaf leis', dort draussen geht der Preuss', der

Va-ter hat er um-ge-bracht, deine Mutter hat er arm gemacht, und
Preuss hat eine blut'ge Hand, die streckt er ü-ber's bad'sche Land, wir

stringendo · **callando**

wer nicht schläft in' guter Ruh', dem drückt der Preuss' die Augen zu.
al-le müssen stille sein, als wie dein Va-ter un-term Stein

a tempo

Schlaf' mein Kind schlaf leis', dort draussen geht der Preuss'!
Schlaf' mein Kind schlaf leis', dort draussen geht der Preuss'!

Piu mosso

Schlaf' mein Kind schlaf leis' dort draussen geht der Preuss'!

ritard

Gott aber weiss wie lang er geht bis dass die Freiheit auf-ersteht und

cres. . . . . cen . . . . do

stringendo   rallentando

wo dein Vater liegt mein Schatz da hat noch mancher Preusse Platz

cres . . . .

Schrei mein Kindlein schrei dort draussen liegt der Preuss'!

Der Autor des »Badischen Wiegenliedes« heißt Ludwig Pfau (1821–1894) und ist kein Badener, sondern Schwabe. Bruno Kaiser (Berlin, 1948) nennt als Erstdruck (?) die Ausgabe des Stuttgarter »Eulenspiegel« vom 8. Dezember 1849 und zitiert noch eine zusätzliche dritte Strophe.

Badisches Wiegenlied.

chlaf', mein Kind, schlaf' leis,
Dort draußen geht der
Preuß'!
Deinen Vater hat er um=
gebracht,
Deine Mutter hat er arm
gemacht,
Und wer nicht schläft in
guter Ruh',
Dem drückt der Preuß' die
Augen zu.

Schlaf, mein Kind, schlaf leis,
Dort draußen geht der Preuß'!

Schlaf', mein Kind, schlaf' leis,
Dort draußen geht der Preuß'!
Der Preuß' hat eine blut'ge Hand,
Die streckt er über's bad'sche Land,
Und Alle müssen wir stille sein,
Als wie dein Vater unter'm Stein.
Schlaf', mein Kind, schlaf' leis,
Dort draußen geht der Preuß'!

Schlaf', mein Kind, schlaf' leis,
Dort draußen geht der Preuß'!
Zu Rastatt auf der Schanz',
Da spielt er auf zum Tanz',
Da spielt er auf mit Pulver und Blei,
So macht er alle Badener frei.
Schlaf', mein Kind, schlaf' leis,
Dort draußen geht der Preuß'!

Schlaf', mein Kind, schlaf' leis,
Dort draußen geht der Preuß'!
Gott aber weiß, wie lang' er gebt,
Bis daß die Freiheit aufersteht,
Und wo dein Vater liegt, mein Schatz,
Da hat noch mancher Preuße Platz!
Schrei, mein Kindlein, schrei's:
Dort draußen **liegt** der Preuß'!

L. Pfau.

(Die 3. Strophe setzt die Kenntnis von den standrechtlichen Erschießungen in Rastatt voraus [August bis Oktober] und polemisiert auch
gegen die Propaganda der Preußen, sie seien als Befreiungsarmee
vom Volk begrüßt worden.)
Niemand hat das schmerzhafte badische Trauma von 1849 so bitter,
so präzis und so unmittelbar verständlich ausgedrückt wie dieser
damals 28jährige Schwabe. (Ich nehme hiermit jegliche antischwäbi-
sche Bemerkungen, die mir da und dort entschlüpft sind, in aller
Form zurück. Lothar Späth ist mir nicht deshalb zuwider, weil er
Schwabe ist. W. M.)

Hier einige biografische Angaben zur Person von Ludwig Pfau:
Geboren in Heilbronn 1821 als Sohn eines Gärtners. Gymnasium in
Heilbronn, Studium in Paris, Heidelberg und Tübingen (Sprachen,
Literatur, Kunstgeschichte, Ästhetik). Erster Gedichtband erschien
in Frankfurt 1847.

In der 48er Revolution engagiert als Agitator und Publizist; gibt
eines der ersten politischen Karikaturenblätter in Deutschland
heraus, das illustrierte satirische Wochenblatt »Eulenspiegel«; wird
auch als Redakteur des Stuttgarter »Beobachter« genannt sowie als
Mitglied des radikal-republikanischen württembergischen Landes-
ausschusses.

Die Polizei legt im Juni 1849 der königlich-württembergischen
Regierung Papiere vor, die man im September '48 dem verhafteten
Gustav Struve in Baden weggenommen hat. Daraus gehe hevor,
behauptet die Polizei, daß u. a. auch Ludwig Pfau im Auftrag der
badischen Revolutionäre den Umsturz in Württemberg betreibe. Es
werden ihm auch »Beziehungen zu den Koryphäen der Badischen
Revolution«, insbesondere zu Werner (Kriegsminister in Baden bis
zum 11. Juli '49) zur Last gelegt.

Im Becherschen Hochverratsprozeß verurteilt schließlich ein würt-
tembergisches Gericht den flüchtigen Ludwig Pfau zu 21 Jahren
Zuchthaus. Becher gehörte zu der in letzter Stunde vom Rumpfpar-
lament eingesetzten »Reichsregentschaft«, die in Stuttgart am 7. Juni 1849 vergeblich zum Kampf für die Reichsverfassung aufgerufen
hatte. Elf Tage später ließ der König von Württemberg das Parlament von Truppen auseinanderjagen.

Zusätzlich wird Pfau in Eßlingen noch zu 8 Monaten Arbeitshaus-
Strafe verurteilt wegen »Majestätsbeleidigung durch die Presse
verübt«.

Während die Polizei Pfau in Stuttgart schon schwer belastet, also im
Juni 1849, hält sich Pfau in Heidelberg und in Wimpfen auf, wo der
Heilbronner Apotheker Mayer Zuzug für die Schwäbische Legion
sammelt. (Pfau verabschiedet sich in Wimpfen von seinem Vater.
Der wandert im August nach Amerika aus.) Am 22. Juni besetzen
die Preußen Heidelberg, und der Rückzug der Badischen Revolu-
tionsarmee beginnt. Pfau nimmt offenbar an diesem Rückzug in der
Schwäbischen Legion teil. Die Legion überschreitet am 12. Juli bei
Konstanz die Schweizer Grenze.

Wir vermuten, daß Pfau im Spätsommer oder Herbst das Badische
Wiegenlied in der Straßburger Fassung geschrieben hat. Vielleicht

hat er auch von der Schweiz aus eine Reise nach Straßburg unternommen, um andere Flüchtlinge zu treffen.

Wahrscheinlich hat er später unter dem Eindruck der Erschießungen in Rastatt (die bis zum Oktober andauerten) die Strophe »Zu Rastatt auf der Schanz . . .« hinzugefügt, die dann im »Eulenspiegel« vom 8. Dezember 1849 mit abgedruckt wurde.

Langer Rede kurzer Sinn: Walter behauptet, Barbara habe in Straßburg den Erstdruck gefunden.

Pfau befindet sich also seit Juli '49 in der Schweiz (Zürich und Bern), wo seine »Deutschen Sonette auf das Jahr 1850« erscheinen (Zürich 1850). 1852 zieht er weiter nach Paris und arbeitet dort als Kunstkritiker und Übersetzer.

1865 kehrt Pfau nach Stuttgart zurück, arbeitet weiter als Schriftsteller und Publizist. Er bleibt ein leidenschaftlicher Gegner Preußens und auch der Bismarckschen Politik. 1879 muß er wegen Beleidigung des preußischen Staatsministeriums in Heilbronn 3 Monate Gefängnis absitzen. Anfang der 80er Jahre wird er nochmal zu 4 Wochen Haft verurteilt; diesmal geht es um »Landesverrat«. Pfau hatte Partei ergriffen für elsässische Volksvertreter, die im elsässisch-lothringischen Landesausschuß in ihrer Muttersprache, nämlich französisch redeten. (Das Elsaß und Lothringen hat sich 1871 das deutsch-preußische Reich 22 Jahre nach der Unterwerfung Badens einverleibt.)

Der alte Pfau wurde nicht einer von jenen senilen Achtundvierzigern, die 1871 Bismarcks »Einigungswerk« als Erfüllung ihrer alten Träume feierten. Der Mann behielt Durchblick und Charakter.

Pfau hat das Badische Wiegenlied nie in eine seiner Gedicht-Sammlungen aufgenommen. Warum, wissen wir nicht. Vielleicht einfach deshalb, weil dann sein Buch nicht hätte erscheinen dürfen. Das »Zürcher Intelligenzblatt« druckte 1857 z. B. den Text des Wiegenliedes auch ohne Verfasser-Angabe und ohne die Rastatt-Strophe ab.

Im Zuge des 48er-Revivals in der BRD wurde das Badische Wiegenlied öfter vertont, und zwar schlecht. (Auch von mir. W. M.) Alle Melodien verdoppeln nämlich einfach das »Schlaf, Kindlein, schlaf«-Motiv aus dem Text. Der Komponist der Straßburger Version von 1849, der vermutlich Schubert-Lieder kannte, hat sich darauf gar nicht erst eingelassen. Seine schlichte und ausdrucksvolle Melodie ist es wert, aufbewahrt zu werden.

Pfaus Lied ist übrigens auch als Volkslied gewandert und umgesungen worden. (Grund zum Preußenhaß gab's im 19. Jahrhundert genug.) In »Mecklenburgische Volksüberlieferungen, Bd. 3, Wismar 1906« hat Richard Wossidlo allein 6 Volkslied-Varianten, die aus den ersten beiden Strophen des Originals herrühren, dokumentiert.

Draussen ist der Preuss'.

a. Schlaf ein, mein kind, schlaf leis',
   da draussen ist der Preuss',
   den vater hat er tot gemacht, die mutter hat er umgebracht,
   schlaf ein, mein kind, schlaf leis'.   *Mecklenburg.*
       Mutter hat er tot gemacht, vater hat er umgebracht: *Lehnens-
       ruhe*; deine mutter hat er arm gemacht, deinen vater hat er tot
       gemacht: *Nevern.*

b. Schlaf, kindchen, leise, draussen steht ein Preusse,
   der Preusse hat eine blutige hand,
   und streift damit durch 's ganze land,
   und wer nicht schläft in guter ruh,
   dem drückt der Preuss' die augen zu.   *Aus Wismar.*

c. Schlaf ein, mein kind, schlaf leise,
   da draussen steht ein Preusse,
   und wenn du denn nich schlafen thust,
   dann drückt er dir die augen zu,
   schlaf ein, mein kind, schlaf leise.   *Barnstorf.*

d. Schlaf, mein kind, schlaf, schlaf leis',
   draussen geht der Preuss',
   und wer nicht schläft in guter ruh,
   dem drückt der Preuss' die augen zu;
   den vater haben sie umgebracht,
   die mutter haben sie arm gemacht,
   schlaf, mein kind, schlaf, schlaf leis'.   *Wittenburger Gegend.*

Auswandern

In den 5 Jahren von 1849 bis 1854 sind mehr als eine Million Deutsche vor allem nach Nordamerika ausgewandert. Einige wurden dort berühmt. Dafür sorgte der amerikanische Sezessionskrieg 1861 bis 1865, an dem etwa 100 000 Deutsche teilnahmen, fast ausschließlich in den Unionsarmeen. Allein 8 badische Revolutionäre brachten es bis zum General, und aus Deutschland verfolgte man ihre Karriere mit jenem dümmlichen Stolz, mit dem heutzutag die Leistungen deutscher Fußball-Stars in Italien oder Spanien kommentiert werden.

Die berühmtesten Helden sind außer Carl Schurz der General Franz Sigel, ehemaliger Oberbefehlshaber der Badischen Revolutionsarmee, und Friedrich Hecker, der legendäre »Volksmann«. Aber einer wurde noch viel berühmter, und zwar unter einem indianischen Namen.

Vorschlag zu einer Spielerei: Überblenden wir einmal die beiden Namen »Hecker« und »Sigel«, was kommt raus? Richtig, »Hikel«! Nun lesen wir den Namen von rückwärts, als »Lekih«. Das klingt schon ziemlich exotisch, aber hat noch einen Zug ins Unanständige. Fügen wir also am Anfang ein »K« hinzu, und jetzt klingt es echt indianisch: »Klekih«.

Wir haben die Ehre, dem geneigten Publikum den berühmtesten ehemaligen 48er Revolutionär, der nach Nordamerika ausgewandert ist, vorzustellen: Klekih-petra, Schulmeister der Mescalero-Apatschen und religiöser Erzieher Winnetous. Laut Karl May heißt Klekih-petra zu deutsch »weißer Vater«.

Karl May, geboren 1842 als Sohn eines Webers in Sachsen, hat die drei Winnetou-Bände um die Jahrhundertwende veröffentlicht. Sein omnipotenter Supermann Old Shatterhand trifft schon im ersten Band auf Klekih-petra, und der erzählt ihm, kurz bevor er auf Seite 128 stirbt, seine Lebensgeschichte:

»Ich war ein Dieb, denn ich habe viel, viel gestohlen! Und das waren kostbare Güter! Und ich war ein Mörder. Wie viele Seelen habe ich gemordet! Ich war Lehrer an einer höheren Schule; wo, ist nicht nötig zu sagen. In mir hatten die Ideen der Aufklärung Wurzel geschlagen. Meine Göttin hieß Vernunft. Mein größter Stolz bestand darin, Freigeist zu sein, Gott abgesetzt zu haben, bis auf das

Tüpfelchen nachweisen zu können, daß der Glaube an Gott ein Unsinn sei. Ich war ein guter Redner und riß meine Hörer mit. Das Unkraut, das ich mit vollen Händen ausstreute, sproß üppig auf, kein Körnchen ging verloren. Da war ich der Massendieb, der Massenräuber, der seinen Mitmenschen den Glauben an Gott und das Vertrauen zu ihm nahm. Dann kam die Zeit der Revolution. Wer keinen Gott anerkennt, dem ist auch kein König, keine Obrigkeit heilig. Ich trat öffentlich als Führer der Unzufriedenen auf. Sie tranken mir die Worte förmlich von den Lippen, das berauschende Gift, das ich freilich für heilsame Arznei hielt. Sie strömten in Scharen zusammen und griffen zu den Waffen. Wie viele kamen im Kampf um! Ich war ihr Mörder, und nicht etwa der Mörder dieser Kämpfer allein. Andre starben hinter Kerkermauern. Auch sie hatte ich auf dem Gewissen. Nach mir wurde natürlich mit allem Fleiß gefahndet. Ich entkam und verließ das Vaterland, ohne mich zu grämen. Keine liebende Seele trauerte um mich. Ich hatte weder Vater noch Mutter mehr, weder Bruder noch Schwester, noch sonstige Verwandte. Kein Auge weinte um mich, aber wie viele, viele weinten meinetwegen. Daran dachte ich aber nicht, bis diese Erkenntnis über mich kam wie ein Keulenschlag, der mich beinahe zu Boden streckte.

Am Tag, bevor ich die schützende Grenze erreichte, wurde ich von der Polizei gehetzt, die mir hart auf den Fersen war. Es ging durch ein Fabrikdorf. Auf den sogenannten Zufall bauend, rannte ich durch einen kleinen Garten in ein armseliges Häuschen und vertraute mich, ohne meinen Namen zu nennen, einem alten Mütterchen und ihrer Tochter an, die ich in der niedrigen Stube fand. Sie versteckten mich um ihrer Männer willen, deren Kamerad ich gewesen sei, wie sie sagten. Dann saßen sie bei mir im dunklen Winkel und erzählten mir unter bitteren Tränen von ihrem Herzeleid. Sie waren arm, aber zufrieden gewesen. Die Tochter hatte erst vor einem Jahr geheiratet. Ihr Mann hörte eine meiner Reden und wurde dadurch verführt. Er nahm seinen Schwiegervater mit in die nächste Versammlung, und das Gift wirkte auch auf ihn. Ich hatte diese vier braven Menschen um ihr Lebensglück gebracht. Der junge Mann fiel auf dem Schlachtfeld, das kein Feld der Ehre war, und der alte Vater wurde zu mehrjähriger Kerkerstrafe verurteilt. Das erzählten mir die Frauen, die mich, den Urheber ihres Unglücks, gerettet hatten. Sie nannten meinen Namen als den des Verführers.

Das war der Keulenschlag, der mich traf, Gottes Mühle begann zu mahlen. Die Freiheit war mir geblieben, aber im Innern litt ich Qualen, zu denen mich kein Richter hätte verurteilen können. Ich irrte aus einem Staat in den andern, trieb bald dies, bald jenes und fand nirgends Ruhe. Das Gewissen peinigte mich entsetzlich. Wie oft bin ich dem Selbstmord nahe gewesen, doch immer hielt mich eine unsichtbare Hand zurück – Gottes Hand. Sie leitete mich nach Jahren der Unrast und der Reue zu einem deutschen Pfarrer in Kansas, der meinen Seelenzustand erriet und in mich drang, mich ihm mitzuteilen. Ich tat es zu meinem Glück. Ich fand, freilich erst nach langen Zweifeln, Vergebung und Trost, festen Glauben und inneren Frieden. Herrgott, wie danke ich dir dafür!«

Er hielt inne, faltete unwillkürlich die Hände, verharrte lange in Schweigen. Dann fuhr er fort:

»Um mich innerlich zu festigen, floh ich die Welt und die Menschen. Ich ging in die Wildnis. Aber nicht der Glaube allein ist's, der selig macht. Der Baum des Glaubens muß die Früchte der Werke tragen. Ich wollte wirken, womöglich grad entgegengesetzt meinem früheren Bestreben. Da sah ich den roten Mann sich verzweiflungsvoll sträuben gegen den Untergang. Ich sah die Mörder in seinem Leib wühlen, und das Herz brannte mir vor Zorn, Mitleid und Erbarmen. Sein Schicksal war besiegelt, ich konnte ihn nicht retten. Aber eins zu tun, war mir möglich: ihm den Tod erleichtern und auf seine letzte Stunde den Glanz der Liebe, der Versöhnung fallen lassen, das konnte ich.«

In diesem bigotten Schwachsinn steckt jede Menge deutsche Ideologie der Wilhelminischen Ära: Das brave Volk an sich ist arm und zufrieden, bös ist bloß der Aufklärer und revolutionäre Verführer. Wenn so einer dann in Amerika seine Untaten sühnt, wollen wir ihm vergeben. Aber merke die Krähwinkler Maxime: »Wer sich von seinem Gotte reißt / Wird schließlich auch abtrünnig werden / Von seinen irdischen Behörden.«

Zurück auf den Boden der Tatsachen.

Ohne Zweifel war die Unfreiheit in Deutschland ein Grund für die Auswanderer, die gefährliche und ungewisse Reise zu unternehmen. Der gewichtigere Grund allerdings war die Massenarmut. Millionen Deutsche sahen in den Jahrzehnten vor und nach der Revolution keine Möglichkeit mehr, sich und ihre Familien zu ernähren. Ihnen ging es nicht anders als heutzutag den Türken. Mit dem einen Unterschied, daß die Türken keine Chance haben, die Ureinwohner aus Deutschland zu vertreiben, wie das damals die Europäer in Amerika taten.

Die Auswanderungsgesetze wurden in Deutschland immer schneller gelockert, weil die Regierungen ihre Hungerleider gerne los wurden. Auszug aus dem Gemeinderechnungsbuch 1842, Herbolzheim:

Im Dezember 1842 meldeten sich einige notorisch arme Bürger hier, um nach Südamerika auszuwandern, und da es ihnen an dem hierzu nötigen Reisegeld gebrach, so hat der Gemeinderath und Bürgerausschuß denselben nach den Anlagen ein Reisegeld ausgemittelt . . .

Der Schneider Kosmas Kohler aus Jechtingen schreibt 1840:

. . . unser Liegenschaftsvermögen ist so gering, und dagegen unsere Familie so zahlreich, dass das Erträgnis unseres Vermögens und der jährliche Verdienst unserer Hände Arbeit nicht mehr hinreichen, dass wir uns und unsere Familie ernähren können. Wir sehen alle Tage besser ein, dass wir nebst unseren strengen Arbeiten immer neue Schulden machen müssen und sparsam haushalten, am Ende bleibt uns nichts übrig von unserem wenigen Vermögen, als eine grosse Schuldenlast, die wir nicht bezahlen können, weswegen wir uns entschlossen haben, mit den hiesigen 6 Familien nach Mexico auszuwandern.

Nach der Niederlage der Revolution hatten die Auswanderer in vielen Fällen nicht nur zusätzlich politische Gründe, übern großen Teich zu fahren, sondern auch ein besonderes Ziel: Kalifornien. Denn seit 1848 kamen die Nachrichten über die Goldfunde, und auf manchen, der aussichtslos im Elend steckte, werden solche Nachrichten wie eine Droge gewirkt haben.

Aus dieser Zeit stammt ein Lied, das im Liederheft des Wilhelm Bemb aus Schoenecken bei Forbach gefunden wurde. Wir wissen nicht, auf welcher Seite der Grenze die beiden Brüder Victor und Schambier (Jean-Pierre) gelebt haben, von denen im Text die Rede ist. Wir wissen also nicht, welche »Sclaverey« sie meinen, die Reaktion in der Pfalz und in Rheinpreußen oder das Regime des Louis Napoleon. Aber das Land, wo »gold so liegt wie hie der Sand«, ist ohne Zweifel Kalifornien.
Da keine Melodie vorliegt, haben wir eine hinzugefügt.

Familie vor dem Auswanderungsbüro, 1859

DER ENDSCHLUSS NACH AMERIKA ZU REISSEN UND ZUGLEICH DAS ABSCHIETSGEDICHT DER GEBRÜDER

1. Mann spricht so viel von einem Land,
   Dacht ich in meinem Sin,
   amerika wird es genant,
   da will ich auch noch hin,
   ein jeder schreibt das dort zu land
   das gold so liegt wie hie der Sand
   und was das schönste sey,
   die freyheit auch da bey.

2. Nun Bruder Schambier wilst du mit
   In dieses schöne Land.
   So Reisen wir traulich schrit vor schrit
   am arm, und hand in hand
   Ich habe immer So gedacht
   dort ist wohl unser Glück gemacht
   hier ist nur Sclaverey
   dort aber sind wir frey.

3. Ja Bruder Victor du hast recht
   dort is ja Abrahams Schooß
   hier sind wir doch nur Sclavenknecht
   und armuth unser loos
   Was hält uns wohl noch hier zurück
   dort haben wir vielleicht mer Glük
   vort vort zur Grose See
   hier sagen Wir adieu.

4. Doch lieber Bruder noch ein wort
   dort überm Sternen Zelt
   da Throhnt die allmacht unser herr
   Der uns in jene Weld
   Gesund und Glüklich bringen kann
   den rufen wir um hilfe an
   Es ist der einsige Gott
   der hülft uns aus aller noth.

5. oft wichte uns der mutter Schooß
   Wir hopften um sie her
   Jetz Reisen wir uns von ihr loos
   Und sehn sie wohl nicht mehr
   Drum lieben Eldern weinet nicht
   Wir Kännen unser Kinderpflicht
   Wir schreiben Euch sogleich
   und sorgen auch für Euch –

6. Euch Eldern sagen wir adiee
   wie schwehr ist uns das Wort
   das herz im leibe thut uns weh
   Allein wir müßen fort
   die Stunde schlächt das pack geschnirth
   Gott ist der uns zur Heimaht führt
   Zum wohl und nicht zum weeh
   Euch sagen wir Adiee. –

Text: Anonym. Aus dem Liederheft des Wilhelm Bemb.
Melodie: Eine Nachbildung des Gaudeamus igitur, zu der schon um die
          Jahrhundertwende Schillers Räuberlied (Text von 1780) »Ein
          freies Leben führen wir« gesungen wurde.

[wichte: wiegte]

Die Auswanderung hat oft die Familien auseinandergerissen, ähnlich wie das heute die Gastarbeiter-Politik der Bundesregierung tut.
Allerdings muß man sich vorstellen, daß die Entfernungen damals
bedeutend größer waren. Wer sich auf das Abenteuer der Auswanderung einließ, blieb oft jahrelang oder überhaupt verschollen.
Wenn die Zurückgebliebenen irgendwann doch einen Brief bekamen, war das ein großes Glück.

Aus dem Kanton Glarus stammt der folgende Liedtext von einem
Mädchen, das keinen Brief bekam.

Mi Schatz isch gu Amerika
Wit über ds' Meer
Und wän i dra tängge
So wird's mer so schwär.
Er hätt gseit, er well mer schribe
Doch d'Tinte isch z tür
Drum lat er's halt blibe,
Emal für hür.

DIE ROMANZE VON DER JOHANNA ARG

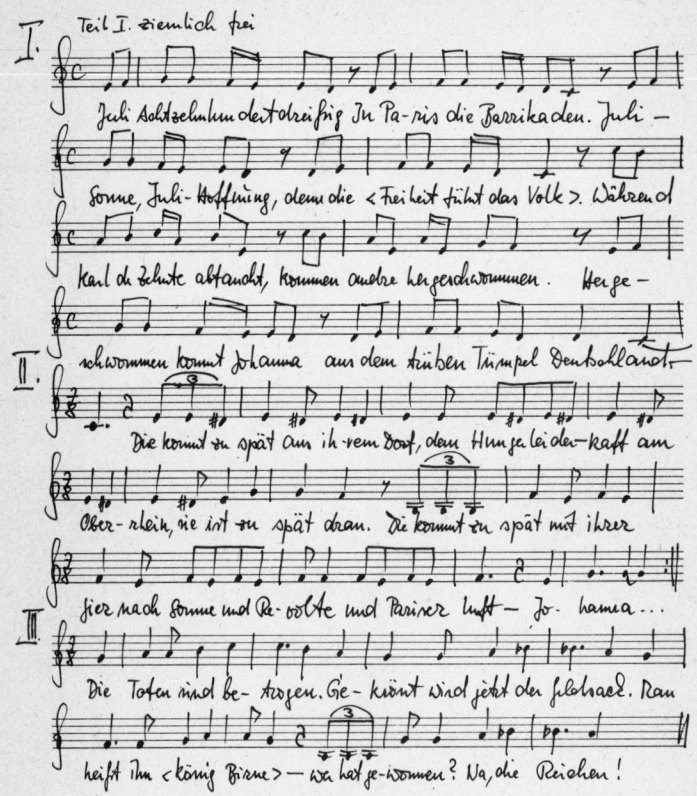

1
Juli Achtzehnhundert-Dreißig:
In Paris die Barrikaden;
Juli-Sonne, Juli-Hoffnung;
und »die Freiheit führt das Volk«.

Während Karl der Zehnte abtaucht,
kommen andre hergeschwommen;
hergeschwommen kommt Johanna
aus dem trüben Tümpel Deutschland.

Sie kommt zu spät aus ihrem Dorf,
dem Hungerleider-Kaff am Oberrhein,
  sie ist zu spät dran.
Sie kommt zu spät mit ihrer Gier
nach Sonne und Revolte und Pariser Luft –
  Johanna
Sie kommt zu spät zum Carnaval,
wo das gemeine Volk die Sauhatz macht
  auf die Gekrönten.
Sie kommt zu spät, die Revolution
ist weggeputzt, ist abgeräumt –
  Johanna

Die Toten sind betrogen.
Gekrönt wird jetzt der Geldsack.
Man heißt ihn »König Birne«.
Wer hat gewonnen? Na, die Reichen!

2

Also bleibt Johanna stecken
im bekannten Dreck der Vorstadt.
Sie wäscht reichen Leuten Wäsche
und wohnt in einem feuchten Loch.

Und beim Tanz am Sonntag Abend
findet sie den Schuster Schambier:
Armer Hund mit groben Knochen
und ein Revolutionär.

  Der kennt sich aus und sagt: »Wart ab,
  was alles noch passiert, wenn König Birne
    erst mal reif ist!
  Dann fällt er ab, wie'n nasser Sack,
  und wir stehn auf in aller Früh,
    Johanna!«
  Der kennt sich aus in dem Quartier,
  er weiß eine Mansarde, und die könnten sie
    zu zweit bezahlen;
  der kennt sich aus in dem Métier
  »Ichliebedich« und so und »Achundachundach,
    Johannaaah!«

So fällt sie in ein Brautbett,
in das die Tauben scheißen;
und wenn sie nicht zu müd ist
hat sie auch ihren Spaß mit ihm.

3
Hört den dicken König Birne!
Er sagt: »Ihr sollt euch jetzt bereichern!«
Und wer hat sich wohl bereichert?
Bankiers-Pack und Spekulanten.

Währenddessen wächst die Armut,
und die Wut wächst in der Vorstadt.
Und ein Wort kommt ins Gerede,
und das Wort heißt »die Commune«.

»Wann stehn wir auf?« fragt die Johanna und
trägt Zettel durchs Quartier und läßt sich nicht erwischen
früh um Viere.
»Wann stehn wir auf?«, »Hebt euren Arsch!«,
»Sind wir denn Hünd?«, so schreit sie rum –
Johanna
Und Feierabnd gibts Rosenkohl
mit Käse überbacken und dazu ein Wein
für ihre Freunde.
Und Feierabnd tanzt sie oder singt
ein Lied von Béranger, und schläft dann nicht allein,
Johanna.

Der Schuster Schambier ist längst
auf Arbeit weg nach Zürich.
Hat ihr ein Kind gelassen.
Er schustert ein' Geheimbund . . .

4
Ach, es schustern jetzt sehr viele
an dem Plan der Menschheits-Zukunft:
Handwerksburschen, Philosophen,
helle Denker, dunkle Dichter.

Und sie streiten, und sie finden
nicht so schnell den Stein der Weisen.
Und Karl Marx in seiner Stube
weiß ja auch noch nicht, wo's langgeht.

»Es kommt der Tag«, sagt die Johanna, »dann,
im Morgenrot liegt die Commune da!
Ich wills erleben!«
»Es kommt der Tag!«, schreit sie im Knast
den Schließern ins Gesicht und wird dafür verhaun –
Johanna
Und ist sie frei, wie sie dann lacht!
Und beißt ins Brot und spürt, es kracht,
weil es noch warm ist.
Und wie sie lacht! Und schüttelt ihren Rock,
und schüttelt ihren Bauch, und schüttelts ab –
Johanna

Die schmeißt sich nicht malerisch
vom Pont Neuf in die Seine,
wo lüstern die Poeten
nach bleichen Leichen ausschaun.

5
Achtzehn Jahr lebt so Johanna
in Paris ihr Auf und Nieder.
Achtzehn Jahre Wetterleuchten,
bis der Blitz dann doch noch einschlägt:

Achtzehnachtundvierzig, heißt es,
sei sie noch gesehen worden
bei dem Heckerzug im Schwarzwald
Arm in Arm mit Emma Herwegh.

Doch wo die aufgetaucht ist, gabs
kein Lebehoch, kein Männerchor, kein
Hosiannah!
Und auch das Kreuz, das sie getragen hat,
hat niemanden erlöst. Sie hat gelebt.
Johanna

Und wenn wir nicht gestorben sind,
dann leben wir noch heute . . .

Dann leben wir noch heute.

t.:   w. m.
m.:   w. m. nach Motiven aus »cristino« von marti
oct. 82

Walter Moßmann

Eigentlich wollte der Verlag nur ein Nachwort zum »Republikanischen Liederbuch«, das Hermann Rollett 1848 herausgegeben hatte. Das Büchlein hatte Rollett zwar einen der vorderen Plätze im »Anzeiger für die politische Polizei« von 1855 beschert, aber wir fanden, daß die darin versammelten Lieder (von Freiligrath, Heine, Prutz u. a.) heute – wenn überhaupt – nur von literarischem Interesse sind. Über das, was uns an 1848 interessiert und fasziniert, steht in diesen Liedern, in denen bürgerliche Literaten ihrem bürgerlichen Publikum gefielen, wenig bis nichts drin.

1978 gab es in Freiburg ein »Volksfest zur vergessenen Badischen Revolution 1848/49«, veranstaltet von einem »Festkomitee«, dem wir beide angehörten. Damals haben wir alle Liederbücher, die wir in die Finger kriegen konnten, nach 48er Liedern durchgesehen (deshalb auch das von Rollett). Unsere einzige Lesefrucht war dabei: das kann doch nicht das gewesen sein, was die Leute auf der Straße bewegt hat? So viel Papier und soviel Blech!

Von den Liedern, die wir inzwischen – auf Flugblättern fast alle – gefunden haben, glauben wir das aber, und darum beantworteten wir den Wunsch nach einem Nachwort zu Rolletts Sammlung mit dem Vorschlag, statt dessen eine Ausgabe von Flugblattliedern mit Kommentaren zusammenzustellen.

Vieles von dem, was wir ursprünglich auch mit in das Buch hineinnehmen wollten, ist draußen geblieben, so auch ein Kapitel über die Studenten. Über sie findet man eigentlich genug in den Büchern, die in den letzten Jahren zum Thema geschrieben wurden. Und die haben auch schon im Laufe des 19. Jahrhunderts ihre »Freischärlererfahrungen« ganz leutselig in ihren Memoiren ausbreiten können. Alexander Büchner (der Bruder von Georg) z. B. nannte seinen Lebensrückblick: »Das tolle Jahr 1848 von einem, der nicht mehr toll ist«, und sprach damit vielen »Ehemaligen« aus dem Herzen. Es hat auch andere Studenten gegeben. Die haben wir nicht vergessen. (Siehe Asche und Tschingderassabum.)

Über die schlesischen Weber wollten wir sehr viel mehr schreiben, sahen aber, daß das schon wieder ein Buch für sich werden würde. Im übrigen fanden wir, daß ihr Lied am besten für sie spricht. Herr Rollett war da wohl anderer Meinung. Er hat lieber Heines Weberlied abgedruckt. Möglicherweise hat er auch das »Blutgericht« nicht gekannt. Ihm kann man das zugute halten, Karl Marx nicht. Er hat sich in seiner vielzitierten Antwort auf Ruges Artikel (MEW, Bd 1. Berlin 1956. S. 404) anerkennend geäußert, das Lied aber seinen Lesern im »Vorwärts« nicht mitgeteilt. Auch er zog Heine vor. Wir können ihm da – wie öfters – nicht folgen. »Wir sitzen am Webstuhl und fletschen die Zähne« . . . Da haben wir sie ja wieder, diese Vorstellung vom tollen Hund, der an der Kette zerrt! Es ist uns unverständlich, daß in allen Arbeiterliederbüchern des 19. Jahrhunderts nur immer wieder dieses Lied zum Aufstand der Weber in Schlesien zitiert wird. Das eine wie das andere war verboten.

Noch etwas haben wir – schweren Herzens – weggelassen: die Mieterlieder. Wohnungsbauspekulation ist ja keine Erfindung unserer Tage, und auch damals haben die Mieter sich die Zwangsräumung ganzer Viertel zwecks Sanierung nicht klaglos gefallen lassen. Darüber gibt es schöne Flugblattlieder. Zum Beispiel aus Wien von einem Lehrer namens Peter Rull eines mit dem Titel: »Die Hausherrn in den Vorstädten Wiens oder die Ausziehzeit« von 1782 oder aus Berlin ein anonymes Flugblattlied: »Ansicht der Baracken auf der Schlächterwiese vor dem Kottbusser-Thore« (heute Kreuzberg) auf eine Polka-Musik, die um 1880 sehr beliebt war. Leider haben wir keines aus der Zeit um 1848 gefunden – was nicht heißt, daß es keines gegeben hat. Wir bilden uns ja auch nicht ein, mit unserem Buch das Thema vollständig abgehandelt zu haben. Wir haben viele interessante und lehrreiche Bücher gelesen und daraus gelernt. (Siehe Anmerkungen!) Vielleicht regt unseres die Leser dazu an, bei der Betrachtung der Geschichte mehr nach unten als nach oben zu gucken. Das wär uns recht.

Barbara James

Anmerkungen und Quellenhinweise

DVA = Deutsches Volksliedarchiv, Freiburg

Umschlagbild – Titelblatt von: Ein Tag aus dem Belagerungszustand Berlins. Berlin 1848. Zitiert nach: Berliner Straßeneckenliteratur 1848/49. Stuttgart 1977. S. 194.

S. 7   Heil Dir im Siegerkranz ... aus: Carl Brinitzer, Das streitbare Leben des Verlegers Julius Campe. Hamburg 1962. S. 146.
Berliner Tagebuch ... aus: Karl August Varnhagen von Ense, Betrachtungen und Bekenntnisse. Berlin 1980. S. 5.

S. 8   Komme doch ... aus: Wolfgang Steinitz, Deutsche Volkslieder demokratischen Charakters aus sechs Jahrhunderten. Bd. 2. Berlin 1962. S. 260.
Unruhen auf den Märkten ... aus: Varnhagen, a. a. O. S. 108.

S. 9   Das deutsche Glaserlied – Abschrift aus dem Ordner »Flugblatt-Lieder 1848/49« im Arbeiterliedarchiv an der Akademie der Künste der DDR, Berlin/DDR, im DVA als Kopie vorhanden. Die Melodie zu »Mein Lebenslauf ist Lieb' und Lust« ist u. a. zu finden in: Ludwig Erk, Erk's Deutscher Liederschatz. Bd. 1. Leipzig o. J. S. 170 zu dem Text »Soldatenmuth« von Hauff (1825).

S. 10   Fritze kann nicht sehen ... aus: Steinitz, a. a. O. S. 269.

S. 12   Und das Pöbel wird gemein ... aus: Steinitz, a. a. O. S. 261.

S. 13   Katzenmusik – dazu empfehlen wir das sehr nützliche Buch von Wolfgang Kaschuba u. Carola Lipp, 1848 – Provinz und Revolution. Tübingen 1979. S. 189 ff.
Barrikadenmacher u. Katzenmusikdirektor. Aus: Hans Blum, die deutsche Revolution 1848–1849. Leipzig 1898. S. 333.

S. 17   Volks-Klänge. Paris 1841. Ein Original ist in der Bibliothèque Nationale et Universitaire in Strasbourg vorhanden. Kopie im DVA.

S. 18   Die deutsche Zunge – aus: Fliegende Blätter. Eine Auswahl aus dem ersten Jahrzehnt. Hrsg. von Marianne Bernhard. Dortmund 1979. S. 182.

S. 19   So weit die deutsche Zunge lügt ... – eine Kopie des vollständigen Liedtextes ist im DVA unter der Signatur: Bl 473 – 6, fol. vorhanden.

S. 20   Hochmuth wird von Gott gestraft ... Strophe 12 aus: DVA: B 22 317.

S. 21   Juli-Revolution in Paris. Aus: Juillet 1830. Paris, Musée Carnavalet, 1980. Ausstellungskatalog. S. 35.

S. 22   Ist es denn gewißlich wahr ... Zitiert nach Steinitz, Bd. 2, a. a. O. S. 18.

S. 23   Wilhelm zu den Seinen sprach ... DVA: A 141 629.

S. 24   Der Herzog Karl von Braunschweig ... aus: Steinitz, a. a. O. S. 19.

S. 24 Die Freiheit führt das Volk. Aus: La Liberté guidant le peuple de Delacroix. Les dossiers du département des peintures. Catalogue établi et rédigé par Hélène Toussaint. Paris 1982.

S. 25 Heinrich Heine, Bericht für das »Morgenblatt für gebildete Stände« (1831) aus: Heinrich Heines Sämtliche Werke. Hrsg. von Ernst Elster. Bd. 4. Leipzig u. Wien 1890. S. 37.

S. 26 Étude de tete. Aus: La Liberté guidant le peuple . . . Catalogue . . . a. a. O. S. 22.
Étude pour la liberté. a. a. O. S. 28.

S. 28 Fieschi mit seiner Höllenmaschine. Karikatur aus: Musenklänge aus Deutschlands Leierkasten. Faks.-Ausg. der Ausgabe Leipzig 1849. o. O. 1977. S. 144.
Die Höllenmaschine. Aus: G. W. Fink, Musikalischer Hausschatz der Deutschen. Leipzig 1843. S. 536 f.

S. 29 und ein Knäblein zart und fein . . . Karikatur aus: Musenklänge, a. a. O. S. 145.

S. 30 Hatte je ein Mensch so'n Pech . . . aus: Steinitz, a. a. O. S. 146.

S. 31 Franzosenlärm – dazu: Wilhelm Blos, Badische Revolutionsgeschichten. Mannheim 1910. S. 12 ff.

S. 32 Verhaftung Ficklers durch Mathy. Karikatur aus: Hans Blum, Die deutsche Revolution 1848–49. Eine Jubiläumsausgabe für das deutsche Volk. Florenz und Leipzig 1898, S. 232.

S. 33 Georg Büchner, Werke und Briefe. Leipzig 1968. S. 357.

S. 34 Wilhelm Dürr, Herren und Volk. Zeichnung 23/43. 1885. Illustration zu: Alban Stolz, Kohlschwarz mit einem roten Faden. Kalender für Zeit und Ewigkeit. Freiburg 1885. Aufnahme: Bildverlag Freiburg.

S. 35 Hildebrand-Zitat aus: Wilhelm Abel, Massenarmut und Hungerkrisen im vorindustriellen Deutschland. Göttingen 1972. S. 7 ff.
Hungerlied-Kommentar aus: Altrheinische Mährlein und Liedlein . . . Coblenz 1843. S. 66. Im DVA: V_1 13 250.

S. 36 Mamele, Mamele . . . Text: DVA: A 35 372.

S. 37 Bettina von Arnim, Dies Buch gehört dem König. Frankfurt a. M. 1982. S. 403 ff.

S. 38 Von den Suppen. Aus: Die kluge und nützliche Köchin für jede Haushaltung. Frankfurt a. M. o. J. vor 1810. S. 16.
Zu den Hungeraufständen: Politisches Rundgemälde oder kleine Chronik des Jahres 1847, hrsg. von Theodor Oelckers. Leipzig 1848. S. 5 ff.

S. 39 Hungerkrawall in Stettin 1847. Aus: Fragen an die deutsche Geschichte. Ideen, Kräfte, Entscheidungen von 1800 bis zur Gegenwart. Historische Ausstellung im Reichstagsgebäude in Berlin. Katalog. 3. erw. Aufl. Bonn 1977. S. 135.

S. 40 Der satte Biertrinker ist in der Graphiksammlung des DVA vorhanden.
Liedtext aus: Deutscher Volkshumor. Stuttgart 1850. S. 72 ff. Zei-

tungsberichte aus: Schwäbische Kronik, Stuttgart. Nr. 120–122. (3.–5. 5. 1847).

S. 46 Szene aus dem »Stuttgarter Beckensturm«. Karikatur aus: Deutscher Volkshumor, a. a. O. S. 97.

S. 48 Auszüge aus den Entscheidungsgründen des Urteils aus: Bestand E 319/Büschel 99 a des Staatsarchivs Ludwigsburg.

S. 50 Bauernrevolution in Adelsheim – zitiert nach: Friedrich Lautenschläger, Volksstaat und Einherrschaft. Konstanz 1920. S. 50 ff.

S. 52 Hecker-Zitat – aus: Veit Valentin, Deutsche Revolution. Bd. 1. Nachdr. der Ausg. Berlin 1930. Aalen 1968. S. 346.

S. 53 Zeugmacher – aus: Emil Karl Blümml u. Gustav Gugitz, Von Leuten und Zeiten im alten Wien. Wien, Leipzig 1922. S. 155 ff.

S. 55 Die einzige überlieferte Melodieversion ist im DVA unter der Nummer E 3868 (= Erk-Nachlaß) (Bd. 7 S. 435 Nr. 2) zu finden. Erk hat sie von einem Sammler namens Lange mit dem Vermerk: mündl. Gegend von Perleberg. 1846 – erhalten.

S. 56 O Herrn! Die Frauenzimmer ... aus: Blümml/Gugitz, a. a. O. S. 189.

S. 57 General Ludd's Triumph. Text: Public Record Office H. 42.119 dated 27. January 1812. Poor Jack by Charles Didbin, adapted. – Zitiert nach: Roy Palmer, A Touch on the Times. Songs of Social Change 1770 to 1914. Harmondsworth 1974. S. 286 ff.

S. 60 Ausführliche Informationen zur Bewegung der Luddisten kann man sich bei E. P. Thompson, The Making of the English Working Class. Harmondsworth 1975, verschaffen.

S. 61 Les canuts: Wir haben die Angabe, daß das Lied von Aristide Bruant ist, dem: Chansonnier de la revolution. Genève 1902 (en vente au Réveil socialiste-anarchiste) entnommen.

S. 62 Das Blutgericht. Aus: Wolfgang Steinitz, Deutsche Volkslieder demokratischen Charakters aus sechs Jahrhunderten. Bd. 1. Berlin 1954. S. 231; Melodie: S. 243.

S. 66 Rudolph Fröhlich, Die gefährlichen Klassen Wiens. Wien 1851. S. 57–67. Im DVA: VS 10 035.

S. 68 Fabrickslied: – DVA: Bl 9099.

S. 71 Hierzu kann man noch mehr lesen in: Hans Joachim Ruckhäberle (Hrsg.), Frühproletarische Literatur. Die Flugschriften der deutschen Handwerksgesellenvereine in Paris 1832 bis 1839. Kronberg 1977; oder in: Reinhold Reith, Der Aprilaufstand von 1848 in Konstanz. Zur biographischen Dimension von »Hochverrath und Aufruhr«. Versuch einer historischen Protestanalyse. Sigmaringen 1982. (Konstanzer Geschichts- und Rechtsquellen, Bd. 28).

S. 72 Gesellenstreiks in Hamburg – dazu: J. G. Gallois, Hamburgische Chronik. Bd. 4. Hamburg 1863. S. 122 ff.

S. 74 Ihr Gesellen ... aus: DVA, das Original auf Bl. 6465 hat 18 Strophen. Die Melodie haben wir leicht verändert aus: Steinitz Bd. 1, a. a. O. S. 193 übernommen.

S. 77 Hamburg in den 90er Jahren – dazu: Adolf Wohlwill, Neuere Geschichte der Freien und Hansestadt Hamburg. Gotha 1914. S. 105 ff.

S. 78 Auf, Maurergesellen ... aus: Stadtbibliothek Lübeck, Philol. germ 8° 3566. Kopie im DVA: Bl 10 512. Melodie aus: Franz Magnus Böhme, Volksthümliche Lieder der Deutschen im 18. und 19. Jahrhundert. Leipzig 1895. S. 494.

S. 80 Anzahl der Deutschen in Paris nach Jacques Grandjonc, zitiert nach Ruckhäberle, a. a. O. S. 12.

S. 82 Traurend, aber nicht verzweifelnd ... Manuskript aus: Archives de l'Etat de Neuchâtel. Kopie im DVA vorhanden. Melodie: Herz, mein Herz, warum so traurig ... in der Version von Fr. Glück zitiert nach: Ludwig Erk, Deutscher Liederschatz. Bd. 1. Leipzig o. J. S. 56.

S. 87 Was will der deutsche Bundestag ... Flugblatt, o. O. o. J. (1835) Original ebenfalls in: Archives de l'Etat de Neuchâtel. Kopie im DVA vorhanden. Melodie: Carmagnole, bearb. von Walter Moßmann.

S. 91 Ehrt doch den Handwerksmann ... Volks-Klänge, a. a. O. S. 158. Melodie aus: Erk, a. a. O. S. 145.

S. 92 Der Hülferuf der deutschen Jugend, zitiert nach: Hans Joachim Ruckhäberle, Heine und die frühe Arbeiterbewegung in Paris. In: Heinrich Heine 1797–1856. Trier 1981. (Schriften aus dem Karl Marx Haus Trier, Nr. 26).

S. 93 Brüder und Freunde, zitiert nach: Ruckhäberle, Frühproletarische Literatur, a. a. O. S. 104 ff.
Die Menschheit ... aus: Wilhelm Weitling, Das Evangelium des armen Sünders ... Hrsg. von Wolfgang Schäfer. Reinbek 1971. S. 142.

S. 94 Trostlos, einsam und verlassen ... aus: Volks-Klänge, a. a. O. S. 5. Melodie: Brüder laßt uns fröhlich sein ... aus: Deutsche Volkslieder. Zwickau 1847. S. 38.

S. 96 Du sollst das Weib ... aus: Volks-Klänge, a. a. O. S. 167. Melodie aus: Steinitz, Bd. 2, a. a. O. S. 77.

S. 98 Ist es nicht eine Schmach ... Flugblatt zitiert in: Blum, a. a. O. S. 128.

S. 99 Christbescheerung für deutsche Soldaten ... aus: Petra Eisele (Hrsg.), Humor aus zwei Jahrhunderten: das Beste aus ill. Blättern für Satire, Witz u. Humor. Bern, München, Wien 1977.

S. 100 Neff-Flugblatt, zitiert nach: Lautenschläger, a. a. O. S. 387 ff.

S. 103 Altenburger Flugblatt – Abschrift aus dem Ordner »Flugblatt-Lieder 1848/49«, a. a. O., im DVA als Kopie vorhanden. Melodie zum ersten Lied aus: Erk, a. a. O. S. 172; zum zweiten Lied aus: Walter Werckmeister, Deutsches Lautenlied. 2. Aufl. Berlin-Pankow 1916. S. 372.

S. 107 Soldaten! Ich weiß ... aus: Lautenschläger, a. a. O. S. 384.

S. 107 Kußmaul-Text, zitiert nach: Lautenschläger, a. a. O. S. 384 ff.

S. 109 Katzenmusik, aus: Kaschuba/Lipp, a. a. O. S. 193.

S. 110 Asche und Tschingderassabum – zu diesem Kapitel empfehlen wir: Robert Endres, Revolution in Österreich 1848. Wien 1947; und Karl Flanner, Die Revolution von 1848 in Wiener Neustadt. Wien 1978. Im letzteren die Seiten S. 196 ff. zu den Raketen.

S. 111 Die Soldaten drangen in die Häuser ein . . . aus: Endres, a. a. O. S. 158.
So Mancher steigt herum . . . aus: Der Freund des Gesanges. Sammlung gefälliger Lieder und Arien, hrsg. von G. H. Schröter. Zwenkau 1833. S. 125. DVA: V_3 3152.

S. 113 Wiener Straßenszene 1835, von: Wilhelm Dürr. Original im Augustiner-Museum Freiburg/Brsg., Signatur: G 3904 b. Aufnahme: Bildverlag Freiburg.

S. 114 Der Wiener Aschenmann: DVA: Original-Flugblatt Bl 6264.

S. 115 Melodie zum Aschenlied von Josef Drechsler, zitiert aus: Blanka Glossy u. Robert Haas, Wiener Comödienlieder aus drei Jahrhunderten. Wien 1924. S. 140.

S. 122 Brand der Wiener Bibliothek . . . aus: Fragen an die deutsche Geschichte, a. a. O. S. 161.

S. 123 Radetzky-Marsch und Strauß Vater u. Sohn – dazu kann man in: Die Musik in Geschichte und Gegenwart (MGG). Bd. 12. Kassel, Basel, London, New York 1965. S. 1452–1454 nachlesen.

S. 126 Brief des preußischen Generalstabsoffiziers. Aus: Lautenschläger, a. a. O. S. 485.

S. 127 1848 Moniteur . . . zitiert nach: Otto Wiltberger, Die deutschen politischen Flüchtlinge in Straßburg 1830–1849. Straßburg 1909. Phil. Fak., Diss. v. 1909.

S. 128 Zur Geschichte der deutschen demokratischen Legion aus Paris. Von einer Hochverräterin [d. i.: Emma Herwegh]. Grünberg 1849.

S. 129 Badisches Wiegenlied. Original-Flugblatt in der Bibliothèque Municipale Strasbourg unter der Signatur: A 13.824. Kopie im DVA vorhanden.

S. 132 Weiteres über Ludwig Pfau in: Erich Weinstock, Ludwig Pfau – Leben und Werk eines Achtundvierzigers. Heilbronn 1975. (Kleine Schriftenreihe des Archivs der Stadt Heilbronn, H. 7).

S. 134 Eintragungen im »Fahndungsbuch« der Zeit – Anzeiger, a. a. O.

S. 136 Draussen ist der Preuss', aus: Richard Wossidlo, Mecklenburgische Volksüberlieferungen. Bd. 3. Wismar 1906. S. 10.

S. 137 Deutsche Karrieren in Amerika – siehe: Blos, a. a. O. S. 142.
Klekih-petra, ein Deutscher Auswanderer, aus: Karl May, Winnetou. Bd. 1. Bamberg 1951. S. 121 ff. (»Die vorliegende Erzählung spielt zu Beginn der sechziger Jahre des vorigen Jahrhunderts«. In der zitierten Lebensgeschichte von Klekih-petra muß die 48er Revolution gemeint sein.)

S. 140 Auszug aus dem Gemeinderechnungsbuch 1842, Herbolzheim, aus: Conrad Koch, La colonia Tovar. Genf/Chicago 1970. S. 27 ff.

S. 141 Familie vor dem Auswanderungsbüro, 1859, von: Wilhelm Dürr. Original im Augustiner-Museum Freiburg/Brsg., Sign.: G 2818.

S. 142 Mann spricht so viel von einem Land . . . DVA: A 123 771.

S. 144 Mi Schatz . . . DVA: A 24 176 – in Schriftdeutsch etwa:

Mein Schatz ist nach Amerika
Weit über's Meer
Und wenn ich daran denke
So wird mir's so schwer.
Er hat gesagt, er will mir schreiben
Aber die Tinte ist zu teuer
Darum läßt er es halt bleiben,
Erstmal für heut.
(Auch hier scheint zu gelten:
Traurend, aber nicht verzweifelnd . . .)

Register der Liedanfänge

Die mit * versehenen Liedanfänge bezeichnen Lieder, die im Text nur erwähnt werden.

Die Schallplatte zum Buch erscheint bei Trikont im September 1983

GLASBRUCH 1848

enthält unter anderem

Das deutsche Glaser-
lied

Die Höllenmaschine

Das Blutgericht

Fabrickslied

Steh ich in finstrer
Mitternacht

Der Wiener Aschen-
mann

Badisches Wiegenlied

Die Romanze von der
Johanna Arg

mit Mischi Steinbrück,
Johannes Ehmann, Uli
Klan, Wolfram Kunkel,
Walter Moßmann u.a.

Trikont 'Unsere Stimme'
Kistlerstr. 1, 8 München 90

Best. Nr.
US-0114